유년기를 극복하는 법

유년기를 극복하는 법

THE
SCHOOL
OF LIFE

알랭 드 보통 기획   인생학교 지음
신소희 옮김

How to Overcome Your Childhood

orangeD   어린 시절 트라우마를 극복하는 치유의 심리학

일러두기

1   맞춤법과 외국어 표기는 국립국어원의 용례를 따랐다.
    다만 국내에서 이미 굳어진 명사의 경우에는 익숙한 표기를 사용했다.

2   외국 도서 가운데 국내에 소개된 경우에는 번역된 제목을
    그대로 사용했다.

차례

1

과거를 이해하는 실마리

잊힌 과거

유년기를 떠올려 보라는 요청은 어떤 면에서 몹시 불쾌하다. 아주 오래전 이야기일 뿐만 아니라 대개는 유년기의 자신에게 동질감을 느끼기는커녕 거의 잊어버렸을지도 모른다. 하물며 성인의 자아가 열다섯 살 생일 이전에 일어난 일들에 좌우된다는 심리학적 클리셰를 대체 언제까지 받아들여야 할까?

유년기에 겪었던 사건과 성인의 삶이 연관되어 있다는 생각은 대부분의 인류 역사에서 터무니없다고 여겨졌다. 유년기의 경험을 담은 기록이 특별히 중요하거나 흥미로울 수 있다는 인식 자체가 희박했다는 뜻이다.

철학자 플라톤을 예로 들어 보자. 플라톤은 그가 살아 있을 때부터 지금에 이르기까지 가장 유명한 위인 중 하나다. 그럼에도 플라톤의 유년기에 관해서는 거의 알려진 바가 없다. 그가 기원전 425년경 아테네의 부유한 귀족 가문에서 태어났으며 친척 몇몇은 정치가였다는 이야기가 전부다. 플라톤 본인은 물론 수많은 친구들과 추종자들도 그가 성인이 되기 전에 어떤 생각을 했는지 자세히 기록해 두어야 한다고 생각하지 않았으며, 이런 사실이 기이한 실수로 여겨지지도 않았다. 유년기를 중요하게 대하지 않는 근대 이전의 사고방식을 단적으로 보여 주는 사례다.

유년기의 방대한 내면을 자세하고 솔직하게 기록한 최초의 대중 출판물은 1811년에 이르러서야 등장한다. 독일의 시인이자 정치가였던 괴테의 자서전 제1권 『시와 진실Poetry and Truth』이다. 인류 역사를 시간에 비유한다면 지금으로부터 고작 5분 전이라고 할 만큼 현재와 가까운 시기였다. 괴테는 유년기의 세계관과 자아상, 부모와의 관계에 있었던 굴곡, 두려움과 상상과 열망 등의 감정을 세심하게 기록하고, 그러한 경험이 이후의 삶을 좌우하리라 여긴 최초의 문화계 주요 인사였다.

유년기(특히 당시의 고통)에 관한 탐구가 과학의 영역에 들어오기까지는 그 후로 한 세기가 더 걸렸다. 지크문트 프로이트, 아나 프로이트, 멜라니 클라인, 도널드 위니콧은 주변 환경에 취약한 유년기의 특징을 분석하고 그것이 성인기 자아에 미치는 여파를 이해하는 데 크게 공헌했다. 성인기를 덜 불안하면서 더 만족스럽게 지내려면 유년기의 경험을 포용하는 것이 핵심 과제라는 주장은 정신 분석학의 도발성과 천재성이 돋보이는 요소였다.

그럼에도 유년기를 직시하는 일은 다음과 같은 여러 이유로 오늘날까지 불편하고 꺼림칙하다.

1 우리는 많은 것을 기억하지 못한다

의식적인 기억은 대부분 잊는다. 열 살에 이르는 수천여 일 가운데 우리가 아침부터 저녁까지 일과를 정확히 기억할 수 있는 날은 단 하루도 되지 않는다. 다섯 살 때 침실 벽은 무슨 색이었을까? 아홉 살 때 학교 옆자리에 앉은 짝꿍 이름은 무엇이었나? 스페인에 다녀왔던 일, 절벽 근처 카페에서 도넛을 한꺼번에 일곱 개나 먹어 치운 일도 이제는 가물가물할 뿐이다. 지금 우리에게는 유년기의 자신이 아예 다른 사람처럼 느껴질 수 있다.

2 우리는 감정적이다

우리는 감정적인 태도를 취하는 경향이 있다. 힘든 일상보다는 드물지만 사랑스럽고 예외적인 상황을 훨씬 잘 기억한다. 십중팔구 평소보다 즐거운 순간에 찍기 마련인 가족사진이 이를 방증한다. 우리 기억 속의 어머니는 비참한 결혼 생활에 분노해 베란다 문을 내리치는 모습이 아니라 수영장에서 어린아이처럼 들떠 웃고 있는 모습일 가능성이 크다. 마찬가지로 유쾌하게 카드 마술을 보여 주는 아버지의 사진은 남아 있겠지만, 식사 시간에 무자비한 침묵을 강요하던 아버지의 사진은 남아 있지 않을 것이다. 기억은 우리 자신뿐만 아니라 외부의 요구에 따라서도 상당 부분 편집된다.

3 우리는 점잔을 뺀다

우리가 단지 무심해서 과거를 잊어버리는 것은 아니다. 지난 감정을 되짚어 보는 일은 원칙적으로 충분히 가능하다. 다만 우리가 기억을 구석에 치워 놓고 지난날을 돌아보지 않는 데는 더욱 심오한 이유가 있다.

우리가 과거의 자신을 회피하는 이유는 잊었던 기억이 대부분 고통스럽기 때문이다. 애정을 느껴야 마땅할 상대에게 내심 깊은 분노와 억울한 마음을 품고 있을 수 있다. 예전에 저지른 많은 실수와 오판을 깨닫고 새삼 자신의 부족함과 죄의식을 느낄지도 모른다. 자신이 인간관계와 경력에 있어 타성적으로 타협해 왔으며 이제는 변화가 필요하다고 인식할 가능성도 있다.

회피하고픈 유년기의 생각과 느낌을 재발견하는 데 도움이 되도록 현대 심리학자들은 특별한 테스트를 고안했다. 어린 시절을 떠올리면서 부모와 형제자매를 포함한 가족과 집을 간단히 그려 보는 것이다.

내면세계의 지도. 어린 시절의 가족과 집을 그려 보자.

이 테스트는 우리가 평소에 의식적으로 거부하던 생각들을 들여다보게 한다. 그림 속에서 자신과 부모는 얼마나 떨어져 있는가? 둘 사이의 거리는 부모와의 관계를 드러낸다. 집은 나 자신을 가리킨다. 소통을 위한 문은 그려져 있는가? 창문의 크기는 얼마나 되는가? 창문의 투명도는 가족 간의 유대감을 상징한다. 그림 속 날씨는 어떤가? 날씨를 통해 우리 내면의 감정적 기후까지도 읽을 수 있다.

이 테스트는 과학적으로 정밀하지 않고, 대화 치료의 출발점에 지나지 않는다. 하지만 이를 통해서 우리가 인지하지 못하는 무의식을 포착하고 과거의 고통을 회피하려는 감정을 직시하도록 노력해야 한다는 것은 충분히 알 수 있다. 우리는 추상적인 질문을 던짐으로써 그동안 거부하거나 뿌리쳤던 생각들과 다시 연결된다. 그림을 통해 지금까지 인식하지 못했던 아버지에 대한 공포를 떠올리거나, 오랫동안 무의식에 숨겨져 있던 형제자매 관계에서의 깊은 후회나 죄책감을 새삼 확인할지도 모른다.

심리학에 따르면, 성인기 자아를 받아들이는 일은 유년기의 여러 불편한 (심지어 우리에게 정신적 외상을 입힌) 사건들을 되돌아보고 이해하는 데 달려 있다.

따라서 우리는 과거의 가장 끔찍한 기억들을 해독하

고, 나아가 극복하기 위해 노력할 수밖에 없다.

우리는 과거의 가장 끔찍한
기억들을 해독하고,
나아가 극복하기 위해
노력할 수밖에 없다.

혜택 받은 유년기의 비밀

혜택 받은 유년기를 상상하기란 어렵지 않다. 수영장 딸린 정원, 해외여행, 많은 선물과 초대형 생일 파티, 등교를 준비하느라 침실 바닥에 내팽개쳐 둔 옷가지를 우리 대신 정리해 주는 가사 도우미가 떠오른다. 그야말로 경제적인 면에만 초점을 맞춘 관점이다.

이런 생각에도 우리의 냉소적인 측면을 납득시키는 일말의 진실은 있다. 하지만 중상류층 다수가 신경 쇠약과 정신 장애에 시달린다는 점을 고려하면, 돈만으로는 '혜택'을 보장받을 수 없다는 사실이 충분히 납득될 것이다. 그와 반대로 생각하기 훨씬 쉽겠지만 말이다.

진정한 혜택은 정서적인 현상이다. 부모의 사랑이라는 양분을 누리는 혜택은 지극히 호화로운 대저택에 부재할 수 있고, 오히려 남루한 오두막의 휑뎅그렁한 방에 넘쳐 날 수 있다.

───── 혜택이란 부모가 창의력을 발휘해 아이의 세계에 개입할 수 있는 상태, 부모가 자신의 필요를 잠시 제쳐 두고 아이의 혼란과 두려움에 온전히 집중할 여유가 있는 상태다. 아이가 실제로 말할 수 있는 것뿐만 아니라 표현하지 못한 진심에도 귀 기울이는 것이기도 하다.

───── 혜택이란 특별한 성취에 대한 보상이 아니라 그저 세상에 존재한다는 이유만으로도 부모가 자기를 진심으로 대한다는 느낌이다. 설사 온 세상이 자기에게 등을 돌린다 할지라도 부모는 끝까지 곁에 남으리라는 믿음, 그리고 인간이라면 누구나 실수를 저지르고 충동에 시달리지만 그럼에도 연민과 이해를 받을 자격이 있다는 가르침이다.

───── 혜택이란 부모가 성인으로 살아가며 겪는 지독한 불안과 심각한 갈등을 아이에게 드러내지 않으며, 아이가 인생의 복잡성에 직면할 만큼 성숙하려면 아직 많은 시간이 필요하다는 사실을 존중하는 마음이다.

───── 혜택이란 부모가 스스로 완벽한 사람이라 자처하지 않고, 상냥하고 친밀하게 아이를 대하여, 아이에게 멀고 이상적인 존재나 악당처럼 여겨지지 않는 관계다. 아이가 부모를 평범하거나 다소 지루하게 여기더라도 성인이 되었을 때 편안히 부모 곁에 다가가고, 그리하여 부모가 아이에게 자연스레 자신의 자리를 넘겨주는 관계다.

───── 혜택이란 부모가 아이의 반항을 견디면서, 아이에게 지나치게 순종적이거나 착한 자식이 되라고 요구하지 않는 것이다. 아이가 호기심에 한 번쯤 부모를 '꼰대'라고 부르더라도 인상을 찌푸리지 않으며, 자신의 생각을 아이에게 강요하는 대신 정확히 설명하는 태도다.

───── 혜택이란 아이가 결국엔 떠나가리라는 사실을 받아들이고, 아이의 독립을 배신으로 여기지 않는 자세다.

이 모두가 진정한 혜택으로 받아들일 만한 일이다. 현대 사회에서는 막대한 부만큼 드물 뿐만 아니라 때로는 물

진정한 혜택은
정서적인 현상이다.

질적 풍요보다 더 중요한 자산이기도 하다. 이런 정서적 혜택을 오래도록 누린 사람은 말 그대로 진정한 상위 1퍼센트에 속한다고 자처할 만하다.

어떤 혜택이 지극히 불공평하게 분배된 것처럼 보이면 우리는 기회의 균등을 주장하고 싶어진다. 하지만 그런 상황에서 요구해야 할 것은 혜택의 재분배가 아니라 보편적 증대와 최소 기준의 보장이다.

진정으로 공정한 사회란 사람들 간에 오가는 정서적 혜택을 매년 증대시키는 일을 국가적 우선순위로 삼는 곳이 아닐까. 넘치는 사랑과 배려와 유대감을 집중적으로 연구하고, 모두에게 권장하며, 진정한 부로 상찬하는 사회 말이다.

정서적 유산

수백 년 동안 유럽의 귀족들은 가문의 혈통이 정교하게
묘사된 가계도를 귀중한 재산으로 여겼다. 가계도의 핵
심은 가계도 맨 아래에 있는 사람이 자신을 앞서 살았던
모든 조상들의 산물이자 상속자로 본다는 것이다.

　가계도는 지난 시대의 유물일 뿐이며 소수의 유서
깊은 가문 출신이나 관심을 가질 기묘한 취미처럼 보이
기 쉽다. 하지만 가계도가 존재하는 이유는 충분히 보편
적이면서 여전히 많은 이들이 공감하는 전제 때문이다.
우리는 스스로 거의 인식하지 못하는 정서적 유산의 상
속자이며, 그 유산의 지대한 영향(대체로 부정적이거나 복
합적인)이 일상의 행동을 좌우한다는 것 말이다. 우리는
자신의 정서적 유산을 더 자세히 이해할 필요가 있다.
윗세대로부터 물려받은 애물단지의 지시대로 행동했다
가는 자신과 타인의 삶을 망쳐 버릴지도 모른다.

　이런 정서적 유산은 대체로 현재에서 비롯된 것이
아니기에 우리의 성취와 정신 건강에 오히려 불리하게

작용한다. 정서적 유산은 유년기에 형성되고 학습된 행동과 기대의 반복된 패턴에서 생겨나는데, 감당하기 어려운 상황 앞에서 급조한 최선의 방어 수단이었다. 유감스럽게도 우리 마음의 일부는 외부 환경이 바뀌었다는 사실을 아직도 실감하지 못하는지, 과거의 방어 수단으로는 막아 낼 수 없거나 오히려 역효과가 날 상대나 상황 앞에서도 과거의 전략을 고수하려 한다.

다음은 우리가 대물림 받았을지도 모를 정서적 유산과 그것이 성인의 삶에서 발현되는 양상을 정리한 표다.

물론 이 표는 하나의 출발점일 뿐이다. 유년기에 느낄 수 있는 불안의 목록은 끝이 없는 사전과 같다. 우리는 자신의 신경증에 숨겨진 논리를 이해하고, 그것을 최대한 다음 세대에 물려주지 않도록 노력해야 한다.

유년기의 고충	성인기의 증상
부끄럽다는 느낌	두려움, 낭패감, 불안감
'더러운' 혹은 나쁜 아이로 여겨질 수 있다는 공포	(특히 성에 대한) 억압, 수동성, 타인의 비위를 맞추려는 성향
걸핏하면 화를 내는 양육자	비정상적인 수줍음과 온순함, 어려운 상황에 이끌리는 성향
변덕스러운 애정	회피 행동, 고립, 지나치게 독립적인 성향
자신이 중요하지 않다는 느낌	과잉 성취, 거짓자아 형성
양육자의 속물근성	물질적 성공을 향한 과도한 집착, 자기 의견이 중요하지 않다는 생각, 불신
아이를 사랑하면서도 무시하는 양육자	변덕스러운 사람에게 이끌리는 성향
양육자의 우울증	과장된 명랑함, 항상 타인에게 맞추려는 성향
지나친 비난	편집증, 수치심, 낮은 자존감

2

유년기에서 비롯된 문제들

문제 있는 사람에게 이끌리는 성향

이론적으로 현대인은 배우자를 선택할 때 무한한 자유를 누린다. 사회 관습이나 마음대로 상대를 중매하는 친척들, 그리고 가문의 책무로부터 해방되었다. 하지만 우리의 실제 선택은 우리가 상상하는 것보다 훨씬 제한적이다. 실제로 우리가 사랑하고 매력을 느끼는 상대의 범위는 유년기에 형성된다. 심리적 이력에 따라 특정한 유형의 사람에게 끌리고, 또 어떤 유형의 사람을 기피하기 쉽다.

우리는 어린 시절 형성된 패턴에 따라 사랑에 빠지며, 여러 면에서 어릴 때 알았던 사랑의 감정을 환기시키는 상대를 찾으려 한다. 유감스럽게도 어린 시절에 오직 너그럽고 상냥하며, 친절한 애정만 받으며 자란 사람은 거의 없다. 우리가 느낀 사랑에는 대체로 어떤 고통스러운 감정이 뒤섞여 있었다. 자신은 사랑받을 가치가 없다는 감정, 유약하거나 우울증에 걸린 양육자를 향한 연민, 양육자 앞에서 마음껏 어리광을 부리고 싶지만 그럴 수 없다는 느낌….

이런 감정들 때문에 우리는 성인이 되어서도 우리에게 다정할 뿐만 아니라 무엇보다도 친숙하게 느껴지는 배우자를 찾으려 한다. 이 두 가지는 미묘하지만 명확하게 구분되는 특성이다. 우리는 우리가 사랑과 연관 짓는 고통에 대한 갈망을 충족시키지 못한다는 이유로 좋은 배우자감을 부득이 거절할지도 모른다. 누군가를 "섹시하지 않다" 혹은 "지루하다"고 말하는 건 사실 이런 의미일 수 있다. '그 사람은 진짜 사랑에 수반하는 고통을 주지 못할 것 같아.'

문제가 있는 상대에게 이끌리는 사람은 더 건전한 관계를 찾아보라는 조언을 듣기 쉽다. 이런 해결책은 듣기에 그럴듯하지만 실제로는 불가능할 때가 많다. 우리가 상대에게 매력을 느끼는 근본적인 원인을 마법처럼 다른 방향으로 돌릴 수는 없기 때문이다. 우리는 스스로 생각하는 만큼 자유롭지 않다. 우리가 이끌리는 인물 유형을 바꾸려고 애쓰기보다는, 매력적으로 보였던 상대가 골치 아픈 면모를 드러낼 때 대응하고 행동하는 방식을 바꾸는 편이 현명하다.

우리가 겪는 대다수의 문제는 어린 시절 강압적인

사람 곁에서 자라며 터득한 행동 방식을 성인이 되어서도 고수하기 때문에 발생한다. 예를 들어 양육자가 걸핏하면 목소리를 높이는 성질 급한 사람이라고 가정해 보자. 우리는 양육자를 사랑했기에, 그가 화를 내면 자신이 잘못했다고 느끼며 소심하고 비굴하게 굴었다. 그리고 성인이 되어서도 (우리가 무의식적으로 이끌린) 배우자가 성을 내면 위협받고 낙심한 어린아이처럼 반응한다. 시무룩해지고 모든 것을 자기 잘못이라 여기고 '나는 꾸지람을 들어도 싸'라고 느낀다. 이런 식으로 적잖은 억울함이 쌓여 간다.

우리가 매력을 느끼는 패턴을 이제 와서 바꾸기는 어렵다. 우리가 할 수 있는 일은 자신의 본능을 근본적으로 뒤집어엎는 것이 아니라, 아이가 아닌 합리적인 성인답게 한층 성숙하고 건설적인 방식으로 상대의 문제적 행동에 대응하려고 노력하는 것이다. 우리는 자신이 이끌리는 문제 행동에 어린 시절보다 훨씬 원숙하게 대처할 수 있다.

많은 사람들이 어린 시절의 갈망과 방어 행동을 환기시키는 문제를 지닌 상대와 맺어진다. 그렇다고 무작정 관계를 끝내는 것은 해답이 아니다. 양육자를 통해 처음 그런 문제를 접했던 유년기 이후, 새롭게 얻은 지혜로 난관에 맞서야 한다.

모든 사람이 완벽하게 성숙한 배우자를 만날 수는 없다. 하지만 누구나 상대의 미숙한 면모에 한층 성숙한 방식으로 대응할 수 있어야 한다.

A. 배우자의 문제적 행동	B. 우리의 미숙한 반응	C. 지향해야 할 성숙한 반응
큰소리	'다 내 잘못이야….'	'이건 저 사람의 문제야. 내가 잘못했다고 느낄 이유는 없어.'
잘난 척	'난 바보야.'	'지성에는 다양한 종류가 있는 거야. 내 생각도 나름대로 괜찮아.'
시무룩하고 뾰로통함	'내가 당신을 기쁘게 해 줄게.'	'나도 최선을 다하겠지만, 결국 당신의 기분은 내 책임이 아니야. 게다가 그 사실이 내 자존감에 영향을 미쳐도 안 돼.'
고압적인 태도	'난 이런 대우를 받아 마땅해.'	'난 당신이 두렵지 않아.'

| 초조하고 산만함 | '나한테 관심을 가져 줘. 날 봐 줘.' | '당신 바쁘구나. 나도 바빠. 그래도 괜찮아.' |

속물적인 양육자

'속물'이라는 말은 경멸적이다. 당연하게도 우리 역시 '속물'들과 거리를 두고 싶어 한다. 그들은 신문 지면에서 볼 수 있는 사람들, 도시의 다른 지역에 살거나 우리가 못 가는 학교에 다니는 사람들이다. 그들이 우리 이웃이 되는 상황은 별로 상상하고 싶지 않다.

하지만 분명한 가능성을 부정할 수는 없다. 속물은 바로 우리 곁에 있을지 모른다. 속물도 가정을 이루고 아이를 낳으며, 우리 또한 그렇게 태어난 아이들 중 하나일 수 있다. 하물며 이런 생각이 얼마나 고통스럽든 간에 우리의 부모가 속물일지도 모를 일이다. 그렇다면 상황을 직시하고 이해하기 위해 노력하는 편이 낫다.

속물이란 무엇일까? 여기서 속물은 단순히 상류층에 대한 동경을 의미하지 않는다. 주체적인 판단 기준이 없는 사람, 그때그때 사회의 주류 집단이 주목하는 것에만 가치를 두는 사람을 뜻한다. 속물의 의견과 취향은 상당히 합리적일 수도 (그렇지 않을 수도) 있다. 다만 그것이 내 의견과 취향이 아닐 뿐이다. 속물은 명망 있는 다른 사람이 결정을 내리기 전까지 무엇에 관해서도 자기 생각을 먼저 말하지 못한다.

속물이 아이를 가졌다고 하면 바로 의문이 떠오른다. 여기 특별히 남들을 주목하게 하거나 놀라게 할 수 없는 새 생명이 있다고 가정해 보자. 요람 안에 앉아서 침을 흘리며 빽 소리를 지르는, 아무것도 **할** 수 없고 거기 **있을** 뿐인 이 생명체에 대해 그는 어떤 판단을 내릴까? 속물의 첫 번째 반응은 '사실 나는 아기를 좋아하지 않는다'고 말하는 것이다. 이 말은 대체로 무해하게 들릴지 모르지만 그 이면에는 훨씬 불쾌한 의미를 담고 있다. 아기가 단지 지저분하고 시끄럽기 때문이 아니라 무엇보다도 세속적인 관점에서 지극히 미미한 존재이기에 호감이 가지 않는다는 것이다.

속물은 내심 낮은 자존감 때문에 괴로워하는 사람이다. 그는 작고 무력한 자신의 아기를 보며 짜증스러워한다. 그런 모습이 자신의 허술함과 나약함을 드러내는 것처럼 느껴지기 때문이다. 아기는 회사를 사고 팔 수 없으며 영화계의 스타가 될 수도 없다. 아니, 사실 잔에 든 음료수조차 혼자 마시지 못한다. 속물적인 양육자는 이런 아기를 보며 두려움과 분노를 느낀다.

다행스럽게도 시간이 지나면 아이는 학교에 들어간다. 속물에게 자신의 감정을 처리할 완벽한 기회가 주어진 셈이다. 속물은 아이에게 학교에서 뛰어나야 한다고, 그것도 아주아주 뛰어나야 한다고 분명히 요구한다. 이는 단순한 요청이나 경고가 아니라, 말 그대로 필수 사항이다. 아이의 인생은 거기에 달려 있다. 거의 모든 과목에서 높은 점수를 받고 수많은 상장과 트로피를 따내야 한다. 충분히 잘하는 정도로는 충분하지 않다. 최고가 되어야 한다. 목표를 달성하지 못한다면 사랑받을 수 없다. 직접적으로 강요되든 좀 더 교묘하게 제안되든 간에, 속물을 부모로 둔 아이는 대체로 이런 조건에서 자란다.

아니나 다를까 부모가 속물이면 아이는 대체로 모범생으로 자란다. 시간이 지나 대학에 들어가고 직장인이 되어서도 마찬가지다. 세속적인 성공의 범주에 부합하지 못하면 존재할 가치가 없다는 느낌은 생산성을 기적적으로 증대시킨다. 조건부로 애정을 받다 보면 누구든지 상대의 조건에 맞추기 위해 매진하는 것이다.

이런 이유로 속물적인 부모를 둔 아이는 나이 들어 신경 쇠약에 걸릴 가능성이 높다. 그것도 세속적인 성공의 목표를 거의 달성했을 무렵에 말이다. 성취가 아니라 존재만으로 인정받고 싶다는 갈망(아무리 많은 성취를 이룬 사람이라도 마찬가지다)은 내면 깊숙이 뿌리를 내리고 꾸준히 솟구쳐 나오기 마련이다. 이런 갈망을 평생 간과하면 심각한 문제를 일으킨다. 우리는 특정한 조건을 충족시킬 수 있겠지만, 그런 조건과 관계없이 약점과 혼란을 지닌 자신의 모습을 있는 그대로 사랑받고 싶다는 갈망을 완전히 지울 수 없다. 그래서 신경 쇠약을 통해 의도적으로 자신의 세속적 성취를 훼손하고 뒤늦게나마 유년기에 거부당한 단순하고 조건 없는 사랑을 맛보려는지도 모른다. 막대한 비용을 치르고서라도 우리가 놓쳐 버린 발달 단계를 다시 체험하고 싶은 것이다. 수십 년간 냉담한 양육자라는 망령의 감정적 구속에 묶여 상징적인 희생물을 바치며 소진된 터라, 한동안 병원에 누워 모두를 실망시키는 편이 차라리 낫게 느껴진다.

속물적인 부모의 아이로서 우리가 직면한 위험을 잘 이해할수록 욕구 불만이 폭발할 위험은 줄어든다. 속물적인 부모의 아이가 되는 것은 하나의 증상이며 다른 증상과 마찬가지로 진단과 치료, 회복이 필요하다. 양육자를 향한 분노를 극복하고, 속물 역시 악마가 아니라 상처받은 인간일 뿐이라고 깨닫는 일도 하나의 치료법이 될 수 있다. 속물적인 양육자의 슬하에서 자란 아이는 세속적 성공을 떠나서 자신의 가치와 소중함을 찾아 가는 어려운 과업에 매진해야 한다. 특별한 결과를 성취했기 때문이 아니라 그저 살아 있기 때문에 소중한 존재이며, 과거에도 항상 그러했어야 마땅하다는 것을.

비위 맞추기

타인의 비위를 잘 맞춘다는 것은 일견 큰 장점처럼 들린다. 하지만 실상은 상대뿐만 아니라 본인에게도 심각한 문제가 되는 행동이다. 비위를 잘 맞추는 사람은 (바로 나일 수도 있다) 타인의 기대에 자신을 끼워 맞춰야 한다고 느끼는 한편, 마음속에 온갖 비밀을 품고 때로는 위태로운 의심과 분노에 빠지기 때문이다. 그는 내심 부정적인 감정을 품고서도 겉으로는 완벽한 연인처럼 행동하고, 자기 마음에 들지도 않는 계획에도 찬성한다. 적절한 시점에 용기를 내어 자신의 욕구와 소망을 솔직하게 표현하지 못하고, 그 결과 주위의 모든 사람들을 당혹스럽게 만든다.

타인의 비위를 맞추는 사람은 어찌 보면 거짓말쟁이다. 이런 말은 다소 잔인하게 들리겠지만, 그가 거짓말을 하는 데는 서글픈 이유가 있다. 그는 이득을 취하기 위해서가 아니라 남이 불쾌할까 봐 두려워서 거짓말을 한다.

타인의 비위를 맞추는 사람을 이해하고 나아가 연민

하려면 그의 과거를 살펴봐야 한다. 이런 사람은 십중팔구 아이의 불가피하지만 골치 아픈 특성을 너그럽게 받아들이는 데 지극히 서툰 양육자 (대체로 부모) 곁에서 유년기를 보냈을 것이다.

어쩌면 아버지가 자식과의 작은 의견 충돌에도 격분하는 사람이었을 수 있다. 자신과 다른 정치적 견해를 제시하거나, 음식 투정을 하거나, 피곤하거나 불안하다고 솔직히 말하면 죽일 듯 날뛰는 사람 말이다. 그런 상황에서 살아남으려면 정확히 상대가 기대하는 대로 말하고 행동해야 한다. 내가 무엇을 진정으로 원하는지는 부차적인 문제다. 최우선 과제는 내 목숨을 좌우하는 사람의 요구를 필사적으로 추측하고 그에 부응하는 일이다.

우리가 단지 두려워서 거짓말을 한 것은 아니다. 그것은 우리를 속박하지만 어떤 면에서는 나약한 상대에 대한 사랑이기도 했다. 부모님이 또다시 부부 싸움을 벌이지 않았으면 하는 바람, 우울증인 양육자의 기분이 좋아졌으면 하는 소망, 이미 충분히 힘들고 서글픈 그들의 삶에 부담을 더하기 싫은 마음이 거짓말을 낳았다. 우리가 뭐라고 이토록 마음 쓰이고 연약한 어른들의 삶을 더

타인의 비위를 맞추는 사람은
서글픈 이유로 거짓말쟁이가 된다.
그는 이득을 취하기 위해서가 아니라
남이 불쾌할까 봐 두려워서
거짓말을 한다.

복잡하게 만들겠는가?

하지만 당시의 우리 행동에 충분히 이해할 만한 원인이 있다고 해도, 성인이 된 지금은 타인의 비위를 맞추려는 난감한 습관을 되돌아보아야 한다. 이런 습관에서 벗어나는 방법은 세 가지다.

첫 번째로 우리의 동료, 배우자, 친구가 유년기의 불안을 형성한 이들과는 십중팔구 전혀 다른 사람이라는 것을 명심해야 한다. 사람들은 대체로 어느 정도의 모순은 견딜 수 있다. 몇 마디 불쾌한 얘기를 하거나 이따금 충분히 공손한 태도로 거절한다고 해서 상대가 울화를 터뜨리거나 침울해지진 않는다. 우리에게는 결코 인류 전체를 대변할 수 없는 몇몇 주변 사람들을 기준으로 이 세상을 이해하려는 이상한 습관이 있다.

두 번째로 우리가 무의식 중에 끼치는 유해한 여파를 충분히 인식해야 한다. 솔직하지 못한 태도는 아무리 좋은 의도에서 나왔을지라도 모두를 위험에 빠뜨린다. 직장 생활에서 의심스러운 문제를 그냥 넘긴다면 모두에게 나쁜 결과를 불러오기 마련이다. 상대가 우리 없이는 살 수 없을 것 같다는 이유로 연애 관계를 지속하는 것 또한 절대 바람직하지 않다. 그들은 우리 없이도 잘 살 수 있다. 우리의 감상 때문에 상대의 시간을 헛되이 낭비할 뿐이다.

마지막으로 상대가 받아들이기 어려울 메시지도 교묘하게 전달할 수 있다는 자신감을 가져야 한다. 어린 시절 우리는 상대에게 전하고 싶은 메시지를 제대로 조율하지 못했다. 우리가 느끼는 날것의 고통과 욕망을 조리 있게 풀어 설명하는 법을 몰랐기 때문이다. 하지만 이제 우리는 자신의 의견을 단호하되 최대한 상냥하게 표현할 수 있다. 상대를 거부하면서도 깊은 호의를 보일 수 있고, 상대를 바보 취급하지 않고서도 의견이 틀렸다고 말할 수 있다. 또한 상대와 이별하면서 그와의 관계가 얼마나 소중했는지 분명히 알려 주는 것도 얼마든지 가능하다.

한마디로, 우리는 남들의 비위를 맞추지 않으면서도 충분히 다정한 사람이 될 수 있다.

비난에 대처하는 법

비난은 언제나 받아들이기 쉽지 않다. 타인에게 어리석거나 비뚤어졌거나 흉측하거나 불쾌하다고 여겨지는 것은 살면서 겪는 최악의 고통에 속한다. 하지만 비난을 받아들이는 태도는 사람마다 크게 다르며, 놀랍게도 이는 궁극적으로 유년기를 어떻게 보냈는지에 달려 있다. 타인의 비난이 그냥 불쾌한 정도를 넘어 엄청난 재난처럼 느껴지는 이유는 수십 년 전 양육자 슬하에서의 경험에 있다.

여기서 '불행한 유년기'란 말 그대로 단순히 애정의 문제다. 사람은 제 목숨을 부지할 능력이 거의 없는 상태로 이 세계에 도착한다. 그리고 타인의 인내와 열정과 너그러움에 의존하여 서서히 이곳에서의 삶에 적응한다. 양육자가 아이를 바라보는 관점은 그대로 아이가 자기를 바라보는 관점이 된다. 우리는 타인에게 사랑받으면서 비로소 불완전하고 말썽 많은 자기 존재를 동정하는 기술을 습득한다. 타인을 통하지 않고 스스로 자신을 믿는 건 우리 능력 밖의 일이다.

우리는 어린 시절 타인에게 지극히 소중한 존재가 되는 경험을 하고, 그 내적 감각에 의지해 훗날 겪게 될 세상의 무관심으로부터 자신을 보호한다. 많은 사람에게 사랑받을 필요는 없고 단 한 명이면 족하며, 십육 년간 사랑받는다면 이상적이겠지만 십이 년만으로도 충분하다. 하지만 그런 사랑을 충분히 누리지 못했다면 죽을 때까지 수백만 명에게 존경받는다 해도 자기 자신을 긍정하기 어렵다. 반면 유년기에 충분한 사랑을 누렸던 사람은 수백만 명의 비웃음에도 끄떡없이 버틸 수 있다.

유감스럽게도 불행한 유년기를 겪은 사람은 타인의 과장된 호응을 무리하게 찾아 나서는 경향이 있다. 그러면 지나치게 부정적 반응에 부딪힐 가능성도 커지기 쉽다. 감정적 결핍을 겪는 사람은 '내가 과연 살아갈 가치가 있는 사람인가?'라는 의문에 강하게 집착하지만 결코 해답을 얻지 못하며, 따라서 유명해지거나 성공한 것처럼 보이는 데 유별난 노력을 쏟아 붓는다. 물론 이 세상은 감정적으로 불안한 사람에게 그가 열망하는 완벽한 확신을 절대 주지 않는다. 독설가와 비평가, 또 자기 나름의 과거에 시달리며 타인에게 잔인하게 구는 사람들은 언제나 존재하게 마련이다. 불행한 유년기를 겪은 사람은 대중이 아무리 그를 찬양한다 해도 가혹한 목소리에만 귀를 기울인다. 이런 맥락에서 보면, 좋은 부모를 둔 아이일수록 낯선 타인에게 굳이 잘 보이려 애쓰지 않는다고 할 수 있다.

우리는 비난을 각자 다르게 받아들인다. 운 좋은 사람은 그 자리에서 들은 메시지를 곧이곧대로 이해하는 데 그친다. '작품이 기대에 못 미친다.' '과제를 더 잘하려고 노력했어야 한다.' '저서나 영화나 노래가 그렇게 훌륭하진 않다.' 이 정도의 비난은 충분히 견딜 만하다. 하지만 내면의 상처가 깊은 사람은 거기서 그치지 않는다. 그는 비난을 받으면 곧바로 생애 최초의 상처로 돌아간다. 현재의 타격이 과거의 상처와 뒤섞여 감당 못할 만큼 심각하고 격렬해진다. 상사나 적대적인 동료는 그를 실망시킨 양육자와 동일시된다. 모든 것이 불확실하고 의심스럽다. 그는 자신의 작업이 형편없을 뿐만 아니라 자기 자신도 무가치한 쓰레기이며 최악의 인간이라고 느낀다. 연약하고 무방비했던 유년기의 그가 느꼈던 바로 그 감정이다.

골치 아픈 유년기를 깊이 이해하면 비난의 여파에

맞서는 데 필요한 방어선을 구축할 수 있다. 타인의 공격에도 필요 이상으로 절망하지 자신을 지키며, 감정적 심판을 항상 유념하되 현재 상황에 곧이곧대로 적용하지 않고 당장의 혹평과 분리하는 것이다.

그리하여 당장 직면한 공격이 아무리 괴롭게 느껴진다 해도 우리를 괴롭히는 실제 문제와 구체적 원인에 비하면 아무것도 아니며, 우리의 문제는 현재가 아니라 과거에 있음을 이해하게 된다. 결과적으로 우리의 진정한 문제, 즉 눈앞의 비난이 아니라 과거에 겪은 양육자의 무책임에 초점을 맞출 수 있다. 지금의 문제가 우리 잘못이 아님을 이해하고, 치명적으로 민감하면서 본질적으로 불안한 자기를 용서하기에 이른다.

우리는 세상의 공격을 멈출 수 없다. 하지만 개인사를 탐구함으로써 그 공격이 우리에게 미치는 영향은 바꿀 수 있다.

우리에게 또 한 번의 기회가 주어진다는 점 또한 잊어서는 안 된다. 우리는 유년기로 되돌아가 세상에서 받은 최초의 심판을 바로잡을 수 있다. 친구들에게, 또는 유능한 심리 치료사에게 자신을 솔직하게 드러내는 방법도 있다. 그들은 상냥하게 거울을 든 채 우리가 유년

우리는 세상의 공격을
멈출 수 없다. 하지만 그 공격이
우리에게 미치는 영향은
바꿀 수 있다.

기에 알았어야 할 교훈을 들려줄 것이다. 어느 누가 어떤 결함을 지녔든 이 세상에 존재할 자격이 충분하다고 말이다.

참자아와 거짓자아

성인이 되어 정신적 문제를 겪는 이유에 관한 지극히 놀랍고 설득력 있는 설명은 유년기에 온전한 자신이 될 기회를 거부당했기 때문이라는 것이다. 다시 말해 우리가 심술궂고 까다롭게 굴 수 없었기에, 우리는 필요한 만큼 제멋대로 행동하지도, 공격적이고 옹졸하고 이기적이지도 못했다. 양육자가 정신없이 바빴거나 나약했기 때문에 어떻게든 그들의 요구에 맞출 수밖에 없었고, 양육자의 애정과 인내를 구하려면 그들에게 복종해야 한다고 느꼈다. 살아 있음을 실감하기도 전에 거짓되게 사는 법부터 배워야 했으며, 그렇게 수십 년이 지나자 어찌된 영문인지도 모른 채 불안과 무감각에 시달리며 자신의 존재를 인식할 수 없게 되었다.

참자아와 거짓자아에 관한 심리학 이론은 20세기의 위대한 사상가로 손꼽히는 도널드 위니콧이 주창한 것이다. 영국의 심리 분석가이자 소아 정신과 의사였던 그는 유아 및 성인 내담자들을 면밀히 관찰하여 1960년대에 일련의 논문을 발표했다. 위니콧은 인간이 건강하게 성장하려면 양육자의 감정이나 생각에 구애받지 않는 엄청난 사치를 누릴 시기가 반드시 필요하다고 주장했다. 우리가 죄책감 없이 완전한 참자아가 되려면 우리를 돌보는 사람이 한시적으로나마 온갖 불편과 노고를 감내하고, 전적으로 우리의 필요와 욕구에 맞춰 주어야 한다는 논지였다.

위니콧의 이론에 따르면 유아의 참자아는 천성적으로 반사회적이고 부도덕하며 타인의 감정에 아랑곳하지 않는다. 사회화가 되지 않았기 때문이다. 아기는 소리를 지르고 싶으면 한밤중에든 붐비는 열차 안에서든 장소를 가리지 않고 소리를 지른다. 아기의 행동은 공격적이고 사납기 때문에 예의범절이나 위생에 집착하는 사람에게는 경악스럽고 심지어 끔찍하게 보일 수 있다. 아기는 어디서든 마음대로 자신의 욕구를 드러내려 든다. 물론 아기는 사랑스럽다. 다만 그것은 남에게 사랑받고 잘보이려고 꾸며 낸 것이 아니라 존재 자체에서 나오는 사랑스러움이다. 성인이 되고 자기 존재를 실감하려면 이처럼 유년기에 감정적 특권을 충분히 만끽해야 한다. 마음대로 남을 방해하고, 화가 나면 발길질을 하고, 피곤하면 소리 지르고, 공격성을 느끼면 물어뜯는 것이다. 심지어 분노했을 때 상상 속에서 양육자를 해칠 기회까지도 누려야 한다. 그런 다음, 자신의 공격성에도 무사한 양육자를 확인하고 비로소 자신의 한계를 깨닫는다. 자신이 전능한 존재가 아닐 뿐더러, 세상이 무너지길 바라거나 무너질까 두려워도 실제로 그런 일은 일어나지 않는다는 사실에 안도감을 느끼는 것이다.

성장이 무난히 진행되면 아이는 원만하게 거짓자아를 형성하게 된다. 거짓자아란 외부 현실의 요구에 따라 행동하는 능력이다. 학교에 입학해 엄한 규율을 따르고 성인이 되어 직장 생활에 적응할 수 있는 것도 거짓자아 덕분이다. 참자아가 될 기회를 이미 누렸으니 매사에 반항하거나 자신의 욕구를 고집할 필요가 없다. 한동안 규칙을 철저히 무시할 수 있었기에 규칙을 따를 수도 있는 것이다. 다시 말해 위니콧은 거짓자아를 완전히 부정적인 것으로 여기지 않았다. 그는 거짓자아에도 그 나름의 역할이 있다고 이해했다. 다만 먼저 자유로운 참자아를 충분히 누린 뒤에 거짓자아를 형성해야 건강하게 기능한다고 여겼다.

유감스럽게도 다수의 사람들은 이상적인 유년기를

경험하지 못한다. 우울증에 걸린 어머니, 화를 잘 내는 아버지, 혹은 건강이 나빠 부모의 관심을 독차지하는 형제자매가 있을지도 모른다. 그 결과 우리는 너무 일찍부터 순응하는 데 익숙해지고, 진정한 자신을 느끼는 데 쓰여야 할 능력을 희생하여 순종적인 아이가 되어 버린다. 인간관계에서 예의를 갖추고 상대의 요구에 기꺼이 맞추기도 하지만, 과거의 경험 때문에 제대로 사랑을 표현하지 못하고, 직장에서는 성실하지만 창의력과 독창성이 부족해진다.

이런 상황에서 심리 치료는 우리에게 또 한 번의 기회를 제공한다. 유능한 심리 치료사는 우리가 거짓자아를 형성하기 이전, 참자아를 누려야 했던 순간으로 안내한다. 상담실에서 심리 치료사의 세심한 보살핌을 받으며 다시 한번 실존하는 법을 배울 수 있다. 사납고 고집 세고 오직 자신에게만 신경 쓰는 아이, 이기적이고 시큰 둥하고 공격적이며 경악스러운 아이가 되어 보는 것이다. 심리 치료사는 그 모든 모습을 받아 주고, 그리하여 우리가 유년기에 느꼈어야 했던 살아 있다는 감각을 새로이 경험하도록 돕는다. 거짓자아를 향한 요구는 여전히 그대로겠지만, 일주일에 한 번씩 남몰래 심리 치료사 앞

참자아가 될 기회를
이미 누렸으니 매사에 반항하거나
자신의 욕구를 고집할 필요가 없다.

에서 참자아로 돌아간다면 한층 견딜 만할 것이다.

위니콧은 참자아를 되찾으려는 내담자들에게 침착하고 관대하게 대하기로 유명했다. 내담자 중에는 그가 좋아하는 꽃병을 깨뜨린 사람, 그의 돈을 훔친 사람, 심지어 상담하러 올 때마다 욕설을 퍼붓는 사람도 있었지만 그는 개의치 않았다. 그 모든 행동이 내담자에게 치명적인 영향을 미치고 평생 고통을 줄 거짓자아에서 벗어나 건강을 되찾는 여정의 일부임을 알았기 때문이다.

우리는 위니콧에게 감사해야 한다. 그는 우리가 한없이 방만하고 이기적인 단계를 거쳐야만 스스로에 만족하고 현실 감각을 가질 수 있다는 점을 일깨워 주었다. 다른 방법은 없다. 우리가 생산적으로 어느 정도 거짓될 수 있으려면 그 전에 참된 자신이 되어야 한다. 그런 기회를 누리지 못한 사람도 고통과 절망 끝에 결국에는 과거로 돌아가야 한다는 사실을 깨달을 것이다. 심리 치료는 바로 그들에게 과거로 돌아갈 기회를 제공한다.

공포와 불안, 그리고 수치심

공포와 불안은 많은 사람들의 일상을 지배하는 감정이다. 우리가 하는 사고 저변에는 공포와 불안이 깔려 있다. 마음이 약해질 때면, 직장에서 실수를 연발하고 해고되거나, 남들에게 망신을 당하다 인간관계가 끊길지도 모른다는 두려움이 엄습한다.

우리를 괴롭히는 두려움은 다양하지만(누구에게나 사소하지만 일일이 풀어내기 어려울 만큼 구구절절한 나름의 위기가 있으니까), 때로는 포괄적인 분석을 통해 우리의 마음 상태를 일반화해 보는 시도가 도움이 된다. 한마디로 우리는 뭔가 끔찍한 일이 일어날지 모른다는 느낌에 시달린다.

우리는 왜 이런 감정을 느낄까? 진짜 원인은 자기혐오와 이에 밀접하게 연결된 만연한 수치심에 있다는 말은 놀라울 뿐만 아니라 언뜻 어처구니없게 들리기도 한다. 우리가 사는 세상이 특별히 위험해서가 아니다. 문제는 우리가 법의학자마냥 유별나고 세밀하게 자신을 혐오한다는 데 있다.

단순하게 설명하면 이런 것이다. 자신이 아무도 원치 않는 쓰레기라는 생각에 휩싸이면, 누군가에게 위협받거나, 정부의 감시를 받다가 투옥되거나, 배우자가 떠나거나, 조만간 낯선 이들에게 조롱을 당하리라는 망상이 뒤따른다. 게다가 그런 망상이 지극히 타당하게 느껴진다.

물론 이런 일들이 생길 가능성이 전혀 없는 것은 아니지만, 자기혐오가 심해지면 그것은 가능성이 아니라 필연이 된다. 우리 내면의 논리에 따르면, 최악의 인물에게는 필연적으로 나쁜 일이 발생하기 마련이다. 자신을 혐오하는 사람은 으레 자신에게 끔찍한 일이 생길 거라고 예상한다. 실제 상황이 그렇게까지 끔찍하지 않을 때도 이런 착오가 조만간 바로잡히고 말 거라는 불안에 빠진다. 자신을 혐오하는 사람에게 좋은 소식만큼 무시무시한 일도 드물다.

편집증이란 결국 자신의 존재 자체를 혐오하는 증상이며, 이런 두려움에는 항상 수치심이 따른다. 문제는 많은 사람들이 자기혐오에 빠져 있으면서도 그 사실을 인지하지 못한다는 것이다. 이런 사람들은 거의 선천적이라 할 만큼 오래전부터 무의식적으로 자신이 끔찍한 인간이라고 느껴 왔다. 자기혐오가 삶을 망가뜨리는 실질적인 균열의 정도를 넘어서 성격의 기본 바탕이 되어 버린 것이다. 자신을 혐오하는 사람은 해고될지 모른다는 두려움이 자기혐오 때문이라는 걸 납득하지 못한다. 상사가 보낸 메일이 살짝 냉정한 어조였으니 자신이 뭔가 큰 잘못을 저질렀다고 확신한다. 마찬가지로 자기혐오에 빠진 연인들은 자신이 사랑하는 상대의 속내를 끊임없이 걱정하는 건 스스로 사랑받을 자격이 없다고 여기기 때문이라는 생각을 하지 못한다. 상대가 자신과 헤어지고 집에 돌아간 지 몇 분 만에 다른 데 정신이 팔렸다는 이유만으로도 크게 상심할 뿐이다.

따라서 불안의 악순환을 끊으려면 무엇보다도 우리가 스스로 비참해져도 싸다고 여기는 자기혐오자처럼 행동하고 있으며, 그렇게 자기비판을 하다 보면 앞으로도 부정적인 자아상을 갖게 된다는 인식이 선행되어야 한다.

그런 다음 스스로를 사랑하는 사람이라면 어떻게 행동할지 찬찬히 생각해 보고, 그 입장에서 자신의 현재 상황을 바라보아야 한다. 일단 공포가 가라앉고 나면, 희

많은 사람들이 자기혐오에 빠져
있으면서도 그 사실을 인지하지 못한다.
자기혐오가 성격의 기본 바탕이
되어 버린 것이다.

망을 가져야 할 논리적 근거를 찾는 것은 잠시 미루고, 자신을 혐오하지 않는 사람은 이럴 때 어떤 생각을 할지 자문하며 스스로를 달래 보자. 우리 내면을 향한 징벌과 공격을 진정시킬 수 있다면 상황은 어떻게 달라질까?

불안 증세는 정보의 격차나 다양한 선택지가 존재하는 애매모호한 상황에서 나타나기 쉽다. 자신을 혐오하는 사람은 이런 상황에 부딪히는 즉시 (부정적인 방향으로) 판단하려고 한다. 수치스러운 결과밖에 기대할 수 없다고 확신하는 사람은 공격적이고 무자비해진다. 만약 우리가 좀 더 객관적으로 자신의 상황을 바라보려 한다면 어떨까?

이때 타인과의 대화는 큰 도움이 된다. 좋은 친구나 더 이상적으로는 유능한 심리 치료사 같은 외부인의 시각은 우리를 폐쇄적인 자기 판단에서 해방시키고, 우리의 생각이 얼마나 뒤틀리고 피학적인지 깨닫게 한다.

자기혐오와 수치심을 극복하는 일은 평생의 과업이다. 여기서 우리는 또다시 익숙한 주제로 돌아온다. 심리적 문제는 대부분 마음껏 사랑과 귀여움을 받아야 할 시기에 그러지 못했기 때문에 발생한다. 인류의 정신 건강을 개선하기 위해 한 가지 소원을 빌 수 있다면 가장 먼저 마술 지팡이를 휘둘러 사람들의 마음속 수치심을 제거해야 하리라. 그 순간 머나먼 은하계에서도 뚜렷이 들릴 만큼 커다란 안도의 한숨 소리가 온 세상에 울려 퍼질 것이다.

완벽한 아이 증후군

성인기의 여러 심리적 문제가 유년기의 애정 결핍에서 비롯된다는 사실은 지금까지 충분히 살펴보았다. 우리가 정신적으로 약해지고 자신감 부족, 불안, 편집증과 수치심에 시달리는 이유는 과거 어느 시점에 꼭 필요했던 다정함과 보살핌, 공감을 누리지 못해서다.

여기에 유년기로부터 비롯한 또 다른 문제가 있다. 소위 '완벽한 아이(Golden Child) 증후군'이라고 불리는 한층 더 흥미롭고도 미묘한 증상이다.

우리는 무시와 학대뿐만 아니라 지나친 사랑 때문에도 정신적 문제를 겪는다. 갖지 못했고 가졌다고 느낀 적도 없는 재능으로 칭찬받거나, 일견 정답게 보이지만 은근하고 교묘한 무의식적 조종을 통해 양육자의 희망과 열망을 대신 짊어지도록 요구받아서 말이다.

아기가 태어나자마자 남다르다고 칭찬하는 양육자들이 있다. 그들은 자신의 아이가 놀랍도록 예쁘고 똑똑하고 천재적이며 특별한 운명을 지녔기에 범속한 슬픔이나 좌충우돌을 겪을 리 없다고 단언한다. 똑바로 서려면 의자를 붙잡아야 하는 아기에게 앞으로 수백 년간 유명세를 누리리라는 최면을 거는 것이다.

이런 칭찬은 언뜻 아이에게 엄청난 자신감과 안정감을 불어넣을 것처럼 보인다. 하지만 아직 자기 외투 단추도 제대로 채우지 못하는 아이가 이처럼 거창한 기대를 받으면 오히려 공허감과 극심한 무력감에 빠질 수 있다. 아이는 성장하면서 자신에게 양육자의 희망에 부응할 재능이 없음을 깨닫고, 자신이 남들을 기만하고 있다는 생각과 언제 정체가 드러날지 모른다는 두려움에 끊임없이 시달린다. 한편으로는 자신에게 놀라운 운명이 기다리고 있음을 남들이 알아주기를 기대하지만, 어떤 이유와 방법으로 그렇게 될 수 있는지는 전혀 모른다.

완벽한 아이 증후군에 걸린 사람은 자기가 무척 특별하다는 생각에 빠져 있으면서도 왜 특별한지 구체적인 근거는 대지 못한다. 사실 내면에 숨겨진 열망은 나라를 혁신하거나 시대를 초월하는 명성을 획득하는 게 아니라, 평범하고 어설픈 실제 자신의 모습을 있는 그대로 인정받고 사랑받는 것이다.

누구나 있는 그대로 받아들여지기를 원한다. 사람들

이 자신의 약점과 결점을 부정하거나 윤색하는 대신 알면서도 너그럽게 용인해 주기를 바란다. 이루지 못했고 앞으로도 이루지 못할 업적에 대한 칭찬은 결국 실제 인물에 대한 모욕이다. 그것은 무고한 사람을 죄인이라 비난하고 공격하는 것만큼 정신적으로 고통을 안기는 일이다.

완벽한 아이 증후군은 진정한 사랑이란 아이의 세속적인 성취와 무관함을 암시한다. 양육자는 아이의 성공이나 실패와 상관없이 아이를 대해야 한다. 혹은 더도 말고 덜도 말고 아이 본인이 성공에 신경 쓰는 만큼만 신경 써야 한다.

물론 완벽한 아이 증후군을 유발하는 양육자에게 잔인한 의도가 있는 것은 아니다. 다만, 더 나은 목적지를 찾지 못한 채 비극적이게도 엉뚱한 방향을 향해 에너지를 낭비하고 있을 뿐이다. 뜻대로 풀리지 않은 경력, 나아지지 않는 우울증, 엉망진창이 된 결혼 생활을 아이가 보상해 주리라고 마음속으로 기대하면서 말이다.

시간이 지나고 '완벽한 아이'에 대한 희망이 허사가 되는 순간, 아이는 일시적 신경 쇠약에 빠지게 된다. '완벽한 미래'는 결코 오지 않으리라는 것이 드러났지만,

외투 단추도 제대로
채우지 못하는 아이가
거창한 기대를 받으면
오히려 극심한 무력감에
빠질 수 있다.

아이에게는 그보다 더 큰 보상이 남아 있다. 아이는 자신을 현실과 단절시켜 왔던 기대로부터 해방된다. 마침내 자유로워진 '완벽한 아이'는 중대한 진실을 깨닫는다. 인생은 완벽하지 않아도 행복할 수 있다는 것, 황금이 아니라 무쇠나 주석밖에 되지 못하는 사람도 충분히 사랑받고 자부심을 가질 수 있다는 것을. 그리고 그의 삶이 애초에 양육자가 품었던 거창한 기대에 미치지 못하더라도, 이와 같은 깨달음이야말로 진정 남다른 성취라는 것을.

과잉 성취

성공한 사람들을 부러워하지 않기는 어렵다. 몇 차례나 연단에 올라가 상을 받고, 스타트업 회사를 성공시키고, 동년배들보다 십 년은 먼저 승진하고, 인기곡 순위나 베스트셀러 목록에 항상 오르는 사람들 말이다. 과잉 성취를 거둔 이들은 우리를 괴롭게 한다.

하지만 우리는 사실 그런 사람들을 부러워만 할 게 아니라 어느 정도 안쓰러워해야 마땅하다. 이처럼 재능 있는 영혼들은 엄청난 성공에 수반하는 과도한 대가를 치르고 있을 가능성이 높다. 그들의 기나긴 심리 상담 이력만 들여다봐도 그들의 인생 궤적에 은근한 연민을 느낄 수밖에 없다.

과잉 성취자들이 단순히 재능 있는 사람이나 노력가와 구별되는 지점은 그들을 일하게 하는 원동력이다. 그들이 일에 매진하는 동기는 일을 특별히 즐기거나 남들보다 물질적 욕망이 강해서가 아니라 내면의 유별난 정신적 압박 탓인 경우가 많다. 그들의 거침없는 활동 이면에는 직업적 의무감보다 감정적 부담감이 자리한다. 언뜻 보기에는 그들이 단지 저서를 더 팔거나 주식을 더 많이 사거나 더 유명해지려는 것처럼 보일지 모른다. 하지만 사실 과잉 성취자들은 더욱 까다롭고 특별하며 말하기 어려운 목표를 달성하려고 애쓴다. 그들은 자신의 일을 통해 감정적으로 고통스러웠던 과거를 바로잡으려 한다. 자신의 업적으로 삼십 년 전 무관심하고 엄했던 아버지를 감동시키고, 어린 시절 형제자매의 죽음으로 실의에 빠졌던 부모를 위로하려 한다. 불우하고 혼란스러운 가정에서 느꼈던 파멸의 감각을 지워 버리고 싶은 것이다.

다시 말해 과잉 성취자들은 물질적이고 세속적인 수단을 통해 이런저런 정신적 문제를 해소하려 한다. 이것이 바로 그들의 노력이 실패할 수밖에 없는 이유다. 설사 대부분의 세상 사람들에게는 헤아리기 어려울 만큼 그들이 성공한 것처럼 보인다고 해도 말이다.

과잉 성취자들은 성공을 거둔 바로 그 순간에 자신의 소망이 실패할 수밖에 없다는 것을 알아차린다. 따라서 과잉 성취자들에게 성공은 특히 고통스럽고 위험한 사건이다. 사업 매각에 성공하자마자 우울증에 걸리는 사업가, 세계적 명성을 얻자마자 정신적 위기에 빠지는 연예인처럼 말이다. 과잉 성취자들은 자신의 작업이 찬사와 대중의 인정을 받는 바로 그 순간 극심한 신경 쇠약이라는 위기에 봉착한다. 부지런히 움직이는 동안에는 외적 목표와 내면의 열망 사이의 불일치를 무시할 수 있지만, 성공을 거두고 나면 평생 추구한 진정한 목표가 획득 불가능하다는 사실을 깨달을 수밖에 없다.

과잉 성취자들이 휴가를 유독 힘들어하는 이유도 여기에 있다. 야자나무 사이에서 보내는 며칠의 휴가도 자신의 속마음을 깨닫기에 충분한 시간이다. 그러니 차라리 쉬지 않는 편이 그들에겐 최선인 셈이다.

과잉 성취자가 시달리는 극심한 정신적 외상을 막으려면, 일에 매달리도록 부추기는 마음의 상처를 확인할 시간이 필요하다. 다시 말해 애초에 그가 성취해야만 살아갈 수 있다고 생각하게 만든 상황으로 되돌아가야 한다. 상실과 단절, 애정 결핍, 슬픔과 굴욕의 순간들을 다시 직면하는 것이다.

과잉 성취에서 벗어나려면 유년기의 자신을 연민할 수 있어야 한다. 자신이 원한 삶은 이런 것이 아니었음을 인식하고, 현재의 '성공한' 자아가 마음속 깊은 상처에 대응하기 위해 이루어진 결과임을 깨달아야 한다. 과거의 자신을 애정 어린 마음으로 돌아보며 애도하고 분석해야 과잉 성취에서 벗어날 수 있다.

그러다 보면 과잉 성취자도 자신이 일을 하든 하지 않든 세상을 살아갈 자격이 있다고 확신하게 된다. 어느 누구도 일하려고 존재하지 않는다. 서로 연결되고 이해하려는 욕구가 더 중요하다.

우리는 거창한 성취에 주목하지만 그 뒤에 숨겨진 정신적 외상에는 무관심한 세상에 살고 있다. 적당한 성취에 만족하는 삶이야말로 감정적으로 건강하다는 사실은 자주 외면받는다. 딱히 유명해지려는 생각이 없으며 부자가 아니어도 괴로워하지 않는 태도, 흔히 말하는 평범한 인생을 기꺼이 살아가려는 태도, 휴일을 즐기고 우정과 사랑을 우선시하는 태도야말로 건강의 징표다. 어쩌면 우리는 이따금 과잉 성취자들을 동정해야 할지도 모른다. 설사 그것이 바로 나 자신을 향한 동정을 의미한다고 해도.

유쾌함

유쾌함이라고 하면 이상적인 상태로 들리겠지만, 항상 긍정적인 감정만을 느껴야 건강한 것은 아니다.

평범한 삶에서 슬픔은 큰 비중을 차지한다. 누구나 살다 보면 종종 정말 슬픈 일을 겪기 마련이며 사람에 따라서는 매일 그럴 수도 있다. 많은 사람들이 깊은 슬픔을 품은 채 살아간다. 슬픔을 외면하고 싶은 마음은 자연스럽지만, 당연한 걸 회피하면 놀랍도록 큰 대가를 치르게 된다. 우리 내면의 어둠, 나아가 인생의 희한함과 잔인함 앞에서 정직해지려면 우리의 열망을 포용하고 타인과 친밀한 관계를 맺을 필요가 있다.

도널드 위니콧은 육아 방식에서 특히 문제가 되는 양육자 유형을 지목한 바 있다. 항상 아기나 어린아이를 '즐겁게' 만들려는 사람, 끊임없이 아이들에게 생기를 불어넣으려고 아이를 위아래로 던졌다 받거나 과장되게 우스운 표정을 지으며 "까꿍"을 연발하는 사람 말이다. 위니콧의 비판이 당혹스럽게 들릴지도 모른다. 아이를 즐겁게 하는 게 뭐 그리 잘못되었단 말인가? 하지만 위니콧은 이런 육아 방식이 아이에게 미칠 영향을 우려했다. 그렇게 양육되는 아이는 은연중에 자신의 슬픔, 나아가 감정 전반을 제대로 인지하지 못하게 된다는 것이다.

'어릿광대' 유형의 양육자는 단순히 아이가 유쾌하기를 바라는 것이 아니다. 놀랍게도 그들은 아이가 슬퍼할 수 있다는 사실 자체를 견디지 못한다. 양육자 본인부터 오랫동안 외면해 온 압도적인 절망과 슬픔을 내면에 숨기고 있기 때문이다.

위니콧에 따르면 유년기에 (그리고 성인기에도) 종종 슬픔을 느끼는 것은 당연하고 꼭 필요한 일이다. 우리는 언제나 무언가에 슬픔을 느낄 수 있어야 한다. 그 대상이 망가진 장난감이든, 날씨가 궂은 일요일 오후든, 부모님의 눈빛에 항상 어려 있는 비통함이든 말이다.

우리네 인생에는 종종 엄숙하고 서글픈 순간도 필요하다는 것을 인정하고, 무언가를 구매하라고 유혹하는 상업주의의 이름으로 슬픔에 마땅히 주어져야 할 자리를 지우려 들지 않는 문화가 필요하다.

분리

성숙함이란 무엇인지 감히 정의해 보자면, 타인을 전적으로 이상화하거나 비난하지 않는 태도라고 말할 수 있다.

아기를 예로 들어 보자. 20세기 중반 오스트리아의 수도 빈에서 활동한 선구적인 정신 분석가 멜라니 클라인은 수유기 동안 아기의 마음속에서 일어나는 매우 극적인 변화에 주목했다.

수유가 원활히 이루어지면 아기는 무척 행복해하며 엄마를 '좋은' 존재로 여긴다. 하지만 이유를 막론하고 수유 과정에 문제가 생기면 아기는 몇 시간, 아니 몇 분 전만 해도 자신이 사랑했던 사람과 지금의 엄마가 동일 인물이라는 사실을 납득하지 못하고 분노와 증오로 가득 찬다.

이런 상황을 견디기 위해 아기는 실제 엄마에게서 '나쁜' 제2의 엄마를 분리해 낸다. 나쁜 엄마는 실제 엄마와 별개의 인물로 자기의 욕구를 일부러 방해하는 증오스러운 존재다. 이렇게 함으로써 아기는 마음속에 존재하는 '좋은' 엄마의 이미지를 보호한다. 아기의 마음 속에는 대개 완전히 좋은 인물과 완전히 나쁜 인물이라는 두 가지 유형만 존재하기 때문이다.

무난히 성장한 아이는 두 인물을 통합해 나가는 느리고 힘겨운 과정을 거쳐, 마침내 '완벽'하고 이상적인 엄마는 없다는 슬프지만 현실적인 깨달음에 이른다. 현실에서 엄마라는 존재는 대체로 다정하지만 가끔은 화를 내고, 바쁘거나 피곤해서 실수도 저지르며, 아이가 아닌 다른 사람에게 관심을 갖기도 하는 평범한 사람일 뿐이다.

우리가 젖먹이 아기였던 시기는 아주 오래 전이지만, 이처럼 우리와 가까운 사람을 '분리'하려는 성향은 지금도 남아 있다. 우리는 절대로 유년기의 자아를 완전히 벗어날 수 없기 때문이다. 성인이 되어서도 우리는 누군가를 깊이 사랑하면 그에게서 티 없이 완벽하며 무한히 숭배할 수 있는 이상적인 모습을 분리해 낸다. 그러다가도 배우자(혹은 유명인이나 정치인일 수도 있다)에게서 조금이라도 거슬리거나 짜증스러운 부분을 발견하는 순간 곧바로 등을 돌려 버린다. 얼마 전까지 그 사람의 매력에 푹 빠져 있었다 해도 말이다. 나를 힘들게 하는 사람이 결코 좋은 사람일 리 없다고 단정하는 것이다.

어떤 면에서는 아주 상냥하고 다정한 사람이 다른 면에서 놀랍도록 실망스럽다는 사실은 받아들이기 무척 어렵다. 언뜻 보면 나쁜 버전이 좋은 버전을 무효화하는 것 같겠지만, 사실 이는 (당연하게도) 복합적인 개인의 다양한 측면이 서로 연결된 것뿐이다.

타인은 선악이 혼란하게 뒤얽힌 혼합물이다. 우리를 돕거나 절망시킬 수 있고, 친절한 동시에 치사할 수 있다. 이런 사실을 받아들이는 것은 엄청난 정신적 성취다. 대부분의 사람들은 다소 실망스러우면서도 희망적인 회색 지대에 속하며 '그럭저럭 괜찮은' 정도이기 마련이지만, 우리는 타인에게 분노하거나 열광하는 동안 이 점을 잊어버리곤 한다.

희망과 현실의 괴리를 극복하려면 문화 전반에 통합의 기술이 전파되어야 한다. 자기 자신, 그리고 나아가 타인의 불완전한 모습을 좀 더 너그럽게 받아들이는 법을 배울 필요가 있다. 우리가 어느 누구를 사랑하든 상대에게 완전히 만족할 수 없으며, 그렇다고 해서 그를 미워할 이유도 없다. 인간을 좋은 집단과 나쁜 집단으로 분리하는 천진하고 잔인한 사고방식에서 벗어나, '그럭

저럭 괜찮은' 다수의 집단으로 포용하는 성숙한 태도로
나아가야 한다.

3

앞으로 나아가기

신경 쇠약의 효용

인간의 가장 큰 문제 중 하나는 계속 견디는 데 능숙하다는 것이다. 우리는 외부의 요구에 너무 쉽게 굴복한다. 주위 사람들이 기대하는 대로 행동하고 그들이 제시하는 우선 사항을 해치우며 살아간다. 언제나 모범생으로 지내고 남들에게도 그렇게 보이려 애쓴다. 게다가 이처럼 놀라운 묘기를 수십 년씩 수행하면서도 겉으로는 상처 하나 없는 것처럼 행동한다.

그러던 어느 날, 우리는 갑자기 무너져 버린다. 주변 사람뿐만 아니라 스스로도 경악스러운 붕괴는 다양한 형태로 나타난다. 침대에서 일어날 수 없고, 긴장성 우울증에 빠진다. 또는 중증의 사회 불안 장애가 생긴다. 아무것도 먹을 수 없고, 앞뒤가 맞지 않는 말을 중얼거린다. 신체 일부에 대한 통제력을 상실하여 지극히 민망할 뿐만 아니라 평소 우리라면 절대 하지 않았을 행동을 저지른다. 사소한 일을 두고 심각한 편집증에 빠진다. 인간 관계의 일반적인 규칙을 지키지 않고 바람을 피우거나 시비를 걸고 다닌다. 그렇게 무난하게 굴러가던 일상생활이라는 바퀴에 커다란 꼬챙이를 찔러 넣어 버린다.

신경 쇠약은 무척 파괴적인 증상이며 환자 본인뿐만 아니라 가족은 물론 친구, 직장 동료에게도 심각한 영향을 미친다. 따라서 누군가 신경 쇠약을 일으키면 다들 허겁지겁 달려들어 증상을 치료하고 제거하려 든다. 일상이 재개되어 평소대로 굴러가도록 말이다.

이는 우리가 신경 쇠약을 오해하고 있기 때문이다. 신경 쇠약은 단순한 광기나 기능 부전이 아니라, 어설프게나마 건강을 회복하려는 절실한 노력이다. 지금까지 거부해 왔던 성숙, 자기 이해, 자기 개발을 강행시키는 마음의 신호인 것이다. 다시 건강해지기 위해 제대로 앓는 과정을 겪는 셈이다.

만약 신경 쇠약을 의학적으로만 진단하고 빠르게 치료해 없애 버리려고 한다면 증상 이면에 숨겨진 진실을 놓칠 위험이 있다. 신경 쇠약은 물론 고통스러운 병이지만, 한편으론 단순한 고통이 아니라 숨겨진 자신의 모습을 깨닫는 특별한 기회이기도 하다.

우리가 무너지는 이유는 너무 오랫동안 유연하지 못한 채 억지로 버텼기 때문이다. 우리는 마음속에서 들려

정신적 위기는
제대로 표출되지 못한
성장을 향한 욕구를 드러낸다.

오는 간절한 목소리를 고집스럽게 외면해 왔다. 내면의 메시지에 귀 기울이지 않고 감정적 학습과 소통을 게을리했다. 그 결과 한참 전부터 병들어 있었던 감정적 자아가 유일하게 남은 단 하나의 방식으로 존재를 드러내려고 하는 것이다. 우리는 감정적 자아의 소리 없는 필사적인 분노를 이해하고 나아가 연민해야 한다. 신경 쇠약은 무엇보다도 감정적 자아가 우리에게 보내는 메시지다. 더 이상은 평소처럼 기능할 수 없고 뭔가 달라져야만 하며, 그럴 수 없다면 차라리 죽어 버리겠다고 말이다(그렇게 되면 무시무시한 광경이 펼쳐질 것이다).

우리는 어째서 일찌감치 자신의 감정적 필요에 차분히 귀 기울이지 못하는 걸까? 그런다면 멜로드라마에나 나올 신경 쇠약을 겪을 일도 없을 텐데 말이다. 우리의 의식은 본질적으로 게으르고 신중하며, 신경 쇠약처럼 무자비한 증상에 관여하지 않으려고 한다. 그래서 몇 년이나 특정한 슬픔에 귀 기울이기를 거부하거나, 인간관계 문제를 회피하거나, 마음속 욕망을 상투적인 표현 아래 숨겨 놓는다.

이 과정을 혁명에 비유할 수도 있다. 민중은 그들의 요구를 반영해 달라며 정부를 압박하지만, 정부는 형식적인 반응만 취할 뿐 귀담아듣지 않는다. 이렇게 수년이 지난 어느 날 마침내 인내심이 바닥난 민중이 궁전으로 몰려간다. 근사한 가구를 때려 부수고, 유죄와 무죄를 가리지 않고 닥치는 대로 쏘아 죽인다.

혁명은 흔히 씁쓸한 결말을 맞는다. 민중의 정당한 불만과 요구는 제대로 표명되지도 못하고 묻혀 버린다. 추악한 내전이나 혹은 문자 그대로 연쇄 자살 행위로 이어지기도 한다. 신경 쇠약도 마찬가지다.

유능한 정신과 의사는 신경 쇠약 환자의 말을 검열하기보다 잘 들어 주려고 노력한다. 횡설수설한 이야기 속에서 더 많은 시간적 여유, 친밀한 인간관계, 솔직하고 만족스러운 삶에 대한 갈망이나 사람들이 자신의 성 정체성을 받아들여 주었으면 하는 인정 욕구를 읽어 낸다. 알코올 의존자나 은둔형 외톨이, 혹은 편집증 환자나 섹스 중독자가 되는 이유들 말이다.

정신적 위기는 제대로 표출되지 못한 성장을 향한 욕구를 드러낸다. 많은 사람들은 몇 달에서 몇 년까지 신경 쇠약에 시달린 끝에 이렇게 말한다. "내가 앓아눕지 않았더라면 영영 회복하지 못했을 거예요."

신경 쇠약을 겪는 사람은 종종 자기가 '미친' 게 아

닌지 염려한다. 신경 쇠약은 광병이 아니다. 신경 쇠약 환자가 기이하게 행동하는 것은 사실이지만, 그런 표면적 동요 아래에서는 건강을 향한 지극히 합리적인 탐색이 진행되고 있다. 우리는 갑자기 병든 것이 아니라 이미 병들어 있었던 것이다. 이 단계를 무사히 겪어 내기만 한다면, 우리의 위기는 유해한 현재 상황을 벗어나 한층 더 진실하고 솔직한 토대 위에서 삶을 재구축하려는 필사적인 시도로 남을 것이다.

정서적 성장 동력

우리 안에 신체적 성장 동력이 잠재되어 있다는 사실은 잘 알려져 있다. 인간이라는 동물은 성숙한 형체를 완성할 때까지 계속 발달하도록 설계되었다. 자궁 안 태아였을 때부터 생성되기 시작한 근육과 뼈, 지방 세포는 열여섯 살 무렵에 자연스럽게 성장을 멈춘다.

하지만 신체적 성장 동력만큼이나 강력한 **정서적** 성장 동력이 우리에게 내재되어 있다는 사실은 잘 알려지지 않았다. 심지어 평생 지속되는 것임에도 말이다. 내적·외적 장애물이 나타나지 않는 한 우리는 반드시 정서 발달의 여정에 나서기 마련이다. 이는 신비주의와는 아무 상관없는 이야기다.

신체와 정서의 성장을 향한 두 가지 동력에는 명백한 개념적 차이가 있다. 신체적 완성이 어떤 것인지는 알기 쉬운 반면 정서적 성장이 어떻게 나타나는지는 다소 모호하다.

이에 대해 우리는 이중적인 답변을 생각해 볼 수 있

다. 우리의 정서적 동력은 두 갈래로 이루어져 있다. 하나는 더욱 강하고 깊은 유대감을 향한 의지고, 다른 하나는 더욱 강하고 깊은 자기표현을 향한 욕구다.

일단 유대감에 관해 이야기해 보자. 우리는 외로움과 수치심, 고립에서 벗어나 서로 이해하고 진실하게 교류할 가능성을 찾으려는 열망을 드러내곤 한다. 또한 그런 열망이 우리에게 어떤 의미인지 친구나 연인, 새로 만난 사람들과 솔직하게 공유하고, 동시에 상상력을 발휘하여 상대의 감정과 경험에 공감하려고 한다. 우리가 '사랑'이라고 부르는 것은 유대를 맺으려는 열망의 한 갈래일 뿐이며, 그런 열망은 다양한 활동과 관계 유형에 걸쳐 신체적 친밀함과 성행위를 향한 욕망을 아우를 만큼 확장하기도 한다. 우리는 살아가면서 맺는 유대감의 깊이를 통해 우리가 정서적으로 얼마나 건강한지 대강이나마 파악할 수 있다.

자기표현을 향한 욕구란 우리의 생각과 지적이고 창의적인 능력을 헤아리고 이에 집중하여 구체화하려는 욕망이다. 이런 욕망은 무엇보다도 우리의 일과 심미적 활동 영역에서 뚜렷이 드러난다. 우리는 자신의 생각, 특히 가치관과 쾌락과 세계관을 더욱 깊이 이해하길 원하며, 이를 남들도 이해할 수 있는 유익한 형태로 외부에 드러내고 싶어 한다. 자기 직관에 적절한 목소리와 형태를 부여하여 사소하게나마 세상에 유익한 영향을 미칠 때, 우리는 삶이 한층 풍요로워진다고 느낀다.

정서적 성장 동력의 두 가지 측면은 가장 극심하게 불행한 순간을 겪어 내는 데 도움을 준다. 친구와 절교하거나 오랜 친구를 대면하기 어려울 때, 또는 새로운 동네로 이사 가서 교류할 친구가 없을 때 그토록 힘든 것은 타인과 관계를 맺고 싶다는 본능이 억제된 탓이다. 다른 한편으로 공부에 집중하기 어렵거나, 직장에서의 업무에 흥미를 잃거나, 출근을 앞둔 일요일 저녁에 문득 적성과 아무 상관도 없는 일을 하고 있지 않은지 혼란스러워질 때 그토록 고통스러운 이유는 자기표현을 향한 욕구가 너무나 강력하기 때문이다. 내가 성공하고 싶은 분야에서 친구가 먼저 성공했다는 소식을 들었을 때 부럽고 질투가 나는 것도 바로 똑같은 이유 때문이다.

인간 본성의 이런 측면을 '동력'이라고 부르며 신체적 성장 동력과 동일시한 것은 그것이 필연적이며 억제할 수 없다는 사실을 강조하기 위해서다. 누군가의 정서적 성장을 막으려는 시도는 그 사람의 수족을 묶는 것

누군가의 정서적 성장을
막으려는 시도는 그 사람의 수족을
묶는 것만큼 엉뚱하고 잔인하며
무의미한 짓이다.

만큼 엉뚱하고 잔인하며 무의미한 짓이다. 정서적 성장 동력은 그 어떤 쉽고 편안한 선택지보다도 우선한다. 심지어 사회적 지위, 돈, 안정에 대한 갈망보다도 강력하며 우리를 들들 볶아 그에 따를 수밖에 없도록 만든다.

가령 유지하는 쪽이 여러모로 훨씬 유리할 부부 관계를 청산하고 떠나거나, 보수가 두둑한 직장을 그만두고 내면 깊은 곳의 목소리가 시키는 일을 시작하게 한다.

정서적 성장 동력을 계속 무시하거나 아예 인식하지 못한다면, 그 절박한 욕구가 우리 삶을 통째로 정지시킬 수 있다. 기다림에 지친 나머지 우리를 꼼짝할 수 없는 우울증이나 심각한 불안 상태에 빠뜨리는 것이다. 좌절되고 가로막힌 욕구는 이런 식으로 우리를 망가뜨림으로써 어떻게든 자신의 목소리를 전달하고 납득시키려 한다. 그 목소리는 어설프고 오락가락할지언정 그만큼 끈질기고 힘차다. 이때 신경 쇠약은 돌파구를 찾으려는 기회, 그러니까 정서적 성장의 새로운 단계를 만들려는 우회적인 시도라고 할 수 있다.

정서적 성장 동력이 우리의 본성임을 명확히 이해한다면, 그것이 좌절되었을 때 나타나는 증상과 우리 욕구의 내적 논리를 더욱 잘 이해할 수 있다. 때로는 그

욕구를 좇다가 험난해진 삶의 여정에 속상하겠지만, 적어도 우리가 왜 비합리적인 선택을 했는지 나 자신과 우리를 아끼는 이들에게 설명할 수는 있다. 우리는 정신이 나간 게 아니다. 책임감과 사회적 지위의 중요성도 잘 알고 있으며, 특별히 까다롭거나 고집스러운 사람이 되고 싶지도 않다. 단지 인간 본성의 더욱 긴요한 측면을 존중할 수밖에 없고, 정서적 성장을 향해 계속 나아가야 한다는 내면의 목소리에 사로잡혔을 뿐이다.

심리 치료가 효과적인 이유

현대 사회는 정신 상태가 온전하지 못한 사람에게 세 가지 위안을 제공한다. 항정신성 약물, 인지 행동 치료, 그리고 심리 치료다.

세 가지 모두 나름의 장단점이 있다. 항정신성 약물은 마음이 공포와 불안, 절망에 포위되어 논리적 사고가 불가능한 위기의 순간에 손쉽게 의지할 수 있는 수단이다. 제대로 복용만 하면 환자가 의식적으로 협조하지 않아도 저절로 뇌 내 화학 작용을 조절하여 하루하루를 헤쳐 나가도록 돕는다. 심한 졸음이나 약간의 메스꺼움, 어지러움 같은 부작용이 발생할 수 있지만, 최소한 평소처럼 일어나서 움직이도록 돕는다.

인지 행동 치료는 대체로 심리학자나 정신과 의사가 여섯 시간에서 열 시간에 걸쳐 진행한다. 내면의 박해자가 쏟아 내는 무시무시한 편집증, 낮은 자존감, 수치심, 공황에 이성적으로 반격하고 (운이 좋다면) 이를 통제할 수도 있는 방법을 안내한다.

마지막으로 심리 치료는 언뜻 보면 장점이 없고 단점만 있는 듯하다. 과학 실험을 통해 유효성을 입증하기 쉽지 않고, 치료 효과도 사람마다 달라서 통계학자가 모델을 개발하듯이 결과를 예측하기 어렵다. 일주일에 두어 번씩 수년 동안 진행해야 하니 걸리는 시간도 어마어마하며, 따라서 셋 중에 가장 돈이 많이 드는 방식이기도 하다. 게다가 모든 것을 화학 작용에 맡기면 되는 항정신성 약물과 달리 환자의 적극적인 참여와 정서적인 노력이 꾸준히 요구된다.

그럼에도 불구하고 심리 치료는 정신적 고통을 뚜렷이 해소하는 매우 효과적인 방법 중 하나다. 우연이나 마법과는 전혀 무관한 세 가지 확실한 이유 때문이다.

1 무의식적 감정의 의식화

정신적 불안, 신경 쇠약, 공포증은 우리가 겪었던 고통을 제대로 인식하지 못해서 발생한다는 것이 심리 치료의 기본 전제다. 우리는 과거의 어느 시점에서 너무 힘들거나 슬픈 상황을 견뎌야 했던 나머지 합리적인 사고 능력을 상실하고 평소의 의식 상태를 벗어나 버렸다. 예를 들어 양육자와의 관계가 실제로 어땠는지 잊거나, 누가 우리와 가까워지려고 할 때 자신이 어떻게 행동하는지 알아차리지 못하거나, 섹스에 거부감과 공포를 느끼지만 그 이유는 기억하지 못하는 식이다. 무의식의 희생양이 되어 스스로 무엇을 원하거나 두려워하는지도 인식할 수 없게 된 것이다.

인지 행동 치료를 절대적으로 지지하는 추종자들의 주장과 달리, 이런 경우 논리적 대화만으로는 회복이 불가능하다. 환자가 애초에 자신이 괴로워하는 이유를 헤아리지 못하기 때문이다.

심리 치료는 가장 심오한 방식으로 자신에 대한 무지를 바로잡는 수단이다. 상담실에서 우리는 무엇이든 머릿속에 떠오르는 생각을 안전하게 말할 수 있다. 심리 치료사는 이미 별별 일을 다 겪은 사람이기에 웬만하면 질색하거나 놀라거나 지루해하지 않는다. 내담자는 심리 치료사 곁에서 받아들여지는 기분을 느끼고 숨겨왔던 비밀을 애잔하게 꺼내 보인다. 무의식 속에서 터져 나온 결정적인 생각과 감정은 해석과 맥락화의 과정을 거쳐 치유된다. 우리는 심리 치료를 시작하기 전까지는 자신에게 그토록 중요한 줄 몰랐거나 아예 존재조차 잊고 있었던 사건을 회상하며 큰 소리로 울부짖는다. 과거의 유령은 백일하에 드러나고 마침내 영면을 취한다.

2 전이

전이란 심리학 전문 용어로, 심리 치료를 시작한 환자가 과거의 가장 중대하고도 고통스러운 관계에서 보였던 행동을 심리 치료사에게 그대로 보이는 현상을 가리킨다.

예를 들어 가혹한 부모를 둔 환자는 심리 치료사가 자신을 혐오스럽거나 지루하게 생각할 거라고 확신할지 모른다. 어린 시절 줄곧 우울증에 걸린 양육자의 기분을 맞춰야 했던 환자라면 위태롭고 슬픈 화제가 언급될 때마다 유쾌한 척해야 한다고 느낄 수도 있다.

우리는 상담실 밖에서도 줄곧 이런 전이 현상을 보이지만, 우리의 행동을 인식하고 적절히 대응해 줄 사람은 상담실 안에만 존재한다. 심리 치료는 우리가 자신의 행동을 관찰하고 자신의 충동이 어디에서 비롯되는지 이해하여 더 적절한 방향으로 행동하게끔 바로잡는 대조 실험이다. 심리 치료사는 환자가 왜 자신을 혐오스럽다고 확신하는지 점잖게 질문하거나, 환자가 농담조로 빈정대는 말들 아래 숨겨진 슬픔과 두려움을 일깨워 준다.

그리하여 환자는 자신의 과거 경험이 타인에 대한 기대를 왜곡시켰다는 사실을 인식하고, 앞으로 살아가며 만날 사람들과 더 건설적으로 상호 작용할 방법을 찾아 간다.

3 최초의 긍정적 인간관계

많은 사람들이 과거의 좋지 않은 인간관계가 남긴 깊은 상처를 안고 산다. 우리가 어리고 무방비했던 시절에는 의지할 수 있고 귀 기울여 주며, 우리의 영역을 존중하여 스스로의 가치와 소중함을 느끼게 해 준 사람이 없었기 때문이다.

하지만 심리 치료가 효과를 발휘한다면 심리 치료사는 난생 처음 만나는 믿을 만하고 의지할 수 있는 존재처럼 느껴진다. 우리가 절실히 원했지만 가질 수 없었던 좋은 양육자가 되는 것이다. 그 곁에서 우리는 처음 단추가 잘못 끼워진 시점으로 되돌아가 더 나은 결말을 체험하게 된다. 필요한 욕구를 표현하고 제대로 화를 내거나 절망에도 빠져 본다. 심리 치료사가 그 모든 감정을 받아 주고 기나긴 고통의 시간을 보상해 줄 테니까 말이다.

긍정적 관계를 성립한 경험은 상담실 밖 다른 관계의 본보기가 된다. 심리 치료사의 온화하고 지적인 어조는 우리 내면에서 이루어지는 대화의 일부분으로 자리매김한다. 몇 번이고 상담실을 찾아 합리적이고 상냥한 목소리에 귀 기울이면서 우리는 차츰 치유된다.

심리 치료가 모든 경우에 효과적인 것은 아니다. 환자가 열린 마음으로 심리 치료에 임해야 하고, 좋은 심리 치료사를 만나는 운도 따라야 한다. 또한 당사자가 상담 과정에서 충분한 시간과 주의를 기울일 준비가 되어 있어야 한다. 하지만 이 모두가 순조롭게 진행되기만 한다면 심리 치료는 우리 평생 최고의 경험이 될 것이다.

이성적 이해와 정서적 이해

우리는 좀처럼 자신의 마음을 이해하지 못한다. 그럼에도 불구하고 삶에 큰 악영향을 미치는 신경증과 강박증에 잠식되지 않고, 통찰력을 발휘해 자신의 성격과 동기로부터 자유로워지길 희망한다. 지식을 쌓아 무지를 떨쳐 내는 것만으로는 충분하지 않다는 깨달음은 무척 실망스러우며 때로 서글프기까지 하다. 아니 더 정확히 말하면 자신을 이성적으로 이해하는 것과 정서적으로 이해하는 것을 구분하려면 한층 더 길고 고된 탐색이 필요하다는 사실을 깨닫게 된다.

예를 들어 권위를 가진 사람 앞에서 우리는 소심해진다. 우리의 아버지가 무뚝뚝하고 냉정하며 우리가 자신을 받아들이는 데 필요했던 지원과 사랑을 베풀지 않았기 때문이다. 우리는 이를 이성적으로는 충분히 이해한다. 오랜 노력 끝에 이런 깨달음이 녹아들면, 소심함과 권위에 관련된 문제는 완화되리라 기대할 수 있다.

하지만 유감스럽게도 마음의 매듭은 그렇게 간단히

풀리지 않는다. 과거에 대한 이성적 이해가 논리적으로 틀리지 않았다 하더라도, 그것만으로는 심각한 신경증에서 온전히 해방될 수 없다. 우리는 위험을 감수하고라도 자아의 기원과 과거에 겪은 고통을 한층 더 면밀하고 자세하며 적나라하게 되짚어 보아야 한다. 다시 말해 과거를 정서적으로 이해하려고 노력해야 한다. 이는 간략하고 포괄적인 이성적 이해와는 전혀 다른 과정이다.

우리는 아버지와 권위에 관련된 문제가 최초로 형성되었던 유년기의 기억을 소설의 한 장면처럼 세세히 되살려 내야 한다. 상상력을 동원하여 구체적으로 생생히 기억하기엔 너무 고통스러웠던 특정한 순간으로 돌아가야 한다(우리의 정신은 우리가 적극적으로 기억하지 않는 과거 경험 대부분을 표제 정도로 압축해 버리고, 상세 내용은 마음속 자료실의 깊은 구석에 치워 두려 한다). 아버지와의 관계가 험난했다는 사실을 이해하는 것만으로는 모자라며, 과거에 우리가 느낀 서러움을 현재 일어나는 일처럼 다시 체험할 필요가 있다. 우리는 대여섯 살 무렵 책들이 반듯이 늘어선 아버지의 서재 안에 서 있던 시간으로 되돌아가야 한다. 정원에서 새어 들어오던 불빛, 우리가 입고 있던 코듀로이 바지, 짜증을 못 참고 버럭 높아지던

우리는 과거를 정서적으로
이해하려고 노력해야 한다.

아버지의 목소리, 아버지를 실망시켰다는 원망의 말들, 뺨을 타고 흘러내리던 눈물, 뛰쳐나와 복도를 내달려 가는 동안에도 뒤쫓아 오던 고함 소리, 모든 기쁨이 파괴된 느낌과 죽어 버리고 싶다는 감정을 떠올려 내야 한다. 우리에게 필요한 것은 에세이가 아니라 소설이다.

심리 치료는 오래전부터 이런 사실을 인식해 왔다. 생각이란 무척 중요하지만, 심리 치료 과정에서 정신적인 문제를 바로잡는 유일한 열쇠는 아니다. 유년기의 소심함을 어렴풋이 인식하는 것과 항상 겁먹고 무시당하며 거절이나 조롱을 당할까 불안했던 심정을 생생하게 되새기는 것은 전혀 다르다. 어머니는 내게 별로 관심이 없었다고 추상적으로 이해하는 것과 어떻게든 내 마음을 어머니에게 전하려던 순간의 절박한 감정을 다시 느끼는 것 역시 완전히 다른 일이다.

심리 치료는 감정을 되살린 재경험이 전제다. 마음속 고통스러운 감정을 치유하려면 한층 성숙한 전문가들의 도움을 받아 자신의 감정에 제대로 접촉해야 한다. 그래야만 우리가 성인으로 살아가면서 겪는 진짜 문제를 처리할 수 있다.

희한하게도(또한 흥미롭게도), 이는 이성적인 사람이

심리 치료에 유독 난관을 겪을 수 있다는 의미이기도 하다. 그들은 호기심이 풍부하지만 유년기에 느낀 고통과 불안, 어설펐던 과거의 자아를 되살리고 드러내는 데 서툴다. 그것이야말로 우리 모두가 대면하고 귀 기울이며 (어쩌면 살아오면서 처음으로) 위로하고 달래야 할 우리의 일부분인데 말이다.

우리가 충분히 회복되려면 시간을 거슬러 올라가야만 한다. 아마도 수년 동안은 매주 다섯 살, 아홉 살, 열다섯 살 때의 우리로 온전히 되돌아가서 당시 상황에 따라 마음껏 흐느끼고 두려워하고 분노해야 할 것이다. 우리가 운 좋게 내면의 고통에서 풀려나 일말의 위안을 찾는 날이 온다면, 그것은 고통 없는 이성적 이해가 아니라 이처럼 힘겹게 얻어지는 정서적 이해 덕분일 것이다.

유년기에 받은 사랑의 가르침

우리가 그럭저럭 제구실을 하고, 때때로 인생의 소소한 기쁨을 누리며, 남들에게 친절하고 감사를 표현할 줄 알고, 의존증이나 자살 충동에서 자유롭다면, 이는 아마도 어린 시절 누군가에게 깊이 사랑받은 덕분일 것이다.

어쩌면 그들은 이제 멀리 떨어져 있거나, 우리와 관심사가 전혀 다르고 여러모로 함께 있기 지루한 사람들일지도 모른다. 그럼에도 우리는 현재 삶의 모든 것이 그들 덕분임을 마음 깊이 확신하며, 언제까지나 그들에게 지극히 충실할 것이다.

누군가가 우리를 '사랑했다'는 말은 그들이 우리에게 학교에서는 배울 수 없는 여러 가르침을 베풀었다는 의미다. 우리는 단조롭고 부산한 일상생활 속에서 그들의 가르침을 흡수했다. 부엌에서, 숲속을 산책하며, 한밤중에 침실에서 그들의 이야기에 귀 기울이면서 말이다. 하지만 우리는 그런 사실을 인식하지 못했을 수 있다. 살아가는 데 꼭 필요한 자양분을 전달하는 중이었지만, 겉

보기에는 그저 우리가 해야 할 숙제나 다음 주말 계획을 이야기하고 있었을 뿐이니까.

그럼에도 불구하고, 우리는 그들에게 사랑받는 과정에서 세밀한 감정 교육을 거쳐 다음과 같은 것들을 배우고 익혔다.

인내

어린 시절, 가끔은 모든 게 끔찍하게 느껴지기도 했다. 눈물을 펑펑 쏟거나 분노로 얼굴이 시뻘게졌다. 온 세상이 무너져 내리는 듯했고 도저히 견딜 수 없을 것 같았다. 하지만 그들은 마침내 우리가 호흡을 고를 때까지 망한 게 아니라고 말해 주었다. 그들 역시 모든 문제의 해답을 알진 못했지만, 그중 몇 가지는 우리가 살다 보면 자연히 깨닫게 된다고 장담했다(그리고 정말로 그랬다). 그들은 밤새 우리를 껴안고 언젠간 반드시 새벽이 오리라 약속했기에, 우리는 끔찍한 두려움이 덮쳐 오는 것을 조금이나마 더 수월하게 견딜 수 있었다.

자기애

우리는 그들에게 소중한 존재였으며, 따라서 언젠가는

나 자신에게도 소중한 존재가 되리라고 느낄 수 있었다. 우리는 뭔가를 만들거나 생각을 떠올리면 그들과 공유했고, 설사 그것들이 아직 미완일지라도 그들은 우리의 의도와 잠재력을 알아봐 주었다. 우리가 부엌에 들어서면 그들은 밝은 표정을 지으며 우리를 맞아 주었다. 언제나 그런 것은 아니었지만 자아에 긍정적 보호막이 형성될 만큼은 충분히 자주 그랬다. 그들은 우리를 귀염둥이, 강아지, 곰돌이 같은 애칭으로 부르곤 했다. 우리는 언젠가부터 그렇게 불리는 것을 사양했고 만약 지금 동료들이 우리의 과거 애칭을 알게 된다면 질겁하겠지만, 그때의 애칭은 여전히 우리의 안정감과 자신감이 싹텄던 정서적 기반의 내밀한 상징처럼 느껴진다.

용서

때로 우리는 큰 잘못을 저지르기도 했다. 책을 잃어버리거나 탁자에 흠집을 내거나 남들에게 못되게 굴거나 벌컥 성을 냈다. 그들은 우리에게 심한 벌을 줄 수도 있었지만 그러지 않았다. 어떻게든 우리의 비행을 관대하게 바라볼 구실을 찾아냈다. "피곤해서 그랬구나.""누구나 저지르는 일이야.""이 세상에 완벽한 사람은 없단다."

그들은 우리 자신과 타인에게 베풀어야 할 자비를, 완벽하지 않은 사람도 충분히 살아갈 가치가 있다는 사실을 가르쳐 주었다.

참을성

우리는 모든 것을 빠르게 터득하지 못했다. 한참 애를 먹고 나서야 긴 나눗셈을 할 수 있었고, 피아노 치는 법이나 비스킷 굽는 법을 익히는 데는 더 긴 시간이 걸렸다. 그래도 그들은 소리치거나 빈정대거나 짜증 내지 않았다. 그들은 우리에게 노력의 효과가 나타날 때까지 기다리는 법을 가르쳤다. 그들이 즉각적인 결과를 요구하지 않은 덕분에 우리는 두려워하거나 자신을 기만하지 않고 나름대로 살아갈 길을 모색했다.

회복력

가끔은 끔찍한 순간도 있었다. 그들은 심한 말을 했고 우리 역시 그랬다. 우리는 그들을 지독하게 미워했지만 그럼에도 그들은 우리 곁에 남았다. 그들은 분노를 다스렸고, 우리에게 상황을 바로잡는 법을 알려 주었다. 인생은 잘못될 수 있지만 회복될 수도 있으며, 인간이란 엄청나게 유연한 존재라고, 무엇보다 사랑하는 사람들은 서로에게 몇 번이고 다시 기회를 준다는 사실을 일깨웠다.

이런 가르침들을 통해 우리는 자신에게 상냥하고 자기 잘못에 관대한 사람, 그만큼 타인에게도 너그러운 마음을 품고 헤쳐 나갈 수 있는 사람으로 자랐다. 우리는 단순히 그들에게 '사랑받은' 것을 넘어 그 이상의 가치들을 배웠다. 그 가르침은 우리가 남들을 보살피고 자신을 격려할 때, 힘겨운 미래에 직면할 내면의 힘을 느낄 때마다 가슴속에서 되살아난다.

자기 위로의 기술

지금이 한밤중이고 이 세상에 태어난 지 석 달밖에 안 되었다고 상상해 보자. 많은 것이 불확실하기만 하다. 자기 머리조차 움직일 수 없고 순전히 남들의 자비에 의존해야 하는 무기력하기 그지없는 존재다. 고통과 기쁨을 느낄 수는 있지만 그런 감정을 느끼는 원인은 전혀 모른다. 규칙적으로 무척 강렬한 욕구에 사로잡히지만 그 정체를 이해하기는커녕 남들에게 명확히 전달할 수도 없다.

일 분 전만 해도 나는 어둠 속에서 따뜻하게 감싸인 채 잠들어 있었다. 그런데 이제는 잠에서 깨어나 허전하고 고독하며, 배 속 어딘가가 쑤시듯 매우 불편하다. 아니다, 이건 전반적인 고통이다. 우리는 외롭고 지독하게 서럽다. 방 안은 컴컴하다. 벽 위로 불현듯 이상한 그림자들이 드리웠다가 사라지기를 반복한다.

나는 갑자기 공포에 빠져 어둠 속에서 큰 소리로 울기 시작한다. 아무런 반응도 없다. 잠시 울음을 멈추고

숨을 돌린 다음 방금 전보다 더 크게 울어 본다. 꺽꺽 울어 대다 보니 금세 숨이 찬다. 하지만 여전히 아무도 대답하지 않고, 어둠과 고독이 점점 무시무시하게 엄습해 온다. 나는 이제 완전히 절망에 빠진다. 세상 모든 선함이 사라진 것만 같다. 죽음을 쫓아내려는 듯 나는 소리치고 또 소리친다.

모든 게 끝이라고 느껴질 무렵 마침내 문이 달칵 열린다. 탁 소리가 나며 따뜻한 오렌지색 불빛이 쏟아진다. 친숙한 얼굴이 보인다. 그 사람은 나를 보고 웃으며 이전에도 종종 들었던 어떤 이름을 말하더니 나를 들어 자기 어깨에 올린다. 익숙한 심장 고동 소리가 들려오고 따스한 손길이 내 정수리를 어루만진다. 그는 나를 앞뒤로 살며시 흔들며 다정하고 감미로운 노래를 부른다. 어느새 흐느낌이 가라앉고 나는 살짝 미소 짓는다. 사악하고 무자비한 도깨비가 사라지고 나니 결국은 이 세상도 살 만하게 느껴진다.

위로는 인간이 서로에게 베풀 수 있는 가장 정다운 행위다. 위로는 사랑의 핵심에 가까우며, 죽고 싶다는 욕망과 그럼에도 견딜 수 있는 능력을 가르는 차이를 만든다.

이상한 일이지만, 우리는 (대체로 유년기에) 타인에게 제대로 위로받은 경험이 없으면 자신을 위로하는 데 어려움을 겪는다. 자신을 위로하는 능력은 양육의 역사가 우리에게 남긴 유산이다. 어릴 때 아무리 두려워도 결국엔 해낼 수 있다는 충분한 격려와 응원을 받았다면, 마음의 일부가 위로하는 법을 터득하여 마음 전체를 가라앉힐 수 있다. 그러다 보면 결국에는 내가 아닌 다른 사람을 달래는 것도 가능해진다.

위기의 순간에도 우리는 문득 어떤 목소리가 들려오며 밀려드는 공포와 아찔한 자기혐오를 가라앉히는 것을 느낀다. "해결할 수 있어." "일단 대화를 해 보자." "사람들도 이해해 줄 거야." "이해 못한다면 어쩔 수 없지 뭐." "중요한 건 나야." "나는 가치 있고 소중한 존재야." 상상할 수 있는 가장 끔찍한 일이 일어나도 우리는 평소와 다를 바 없이 침착하고 단호하게 반응할 수 있다. 버틸 수 있다고, 어떻게든 될 거라고, 최악의 사태까지 가진 않을 거라는 믿음을 잃지 않는다.

위로의 기술을 숙고하다 보면 새삼 우리가 얼마나 많은 것을 놓치고 있는지 깨닫는다. 우리가 결핍을 느끼는 이유는 명확하다. 우리의 양육자들 역시 유년기에 위

자신을 위로하는 능력은
양육의 역사가
우리에게 남긴 유산이다.

로받지 못하고 자랐기 때문이다. 우리는 자신의 마음속 사라진 퍼즐 조각들에 더욱 주목하고 연민을 느껴야 한다. 우리의 삶이 필요 이상으로 힘들게 느껴진다면, 그것은 어린 시절에 위로를 받지 못해서다. 성인이 된 지금도 거절하기가 고역스럽고, 소셜 미디어가 두려우며, 상대가 불만을 드러내면 호흡이 가빠진다. 모호한 상태를 견딜 수 없고, 불면증에 시달리며, 가족과 함께 보내는 휴가가 부담스럽고, 타인의 손길이 낯설게 느껴지고, 많은 낮과 밤이 영혼 없이 흘러가는 이유는 전부 거기에 있다.

우리에게는 이런 결핍을 벌충할 기회와 대안이 있다. 그렇게 믿어야 한다. 우리는 음악, 일기, 침대, 욕조, 그리고 무엇보다도 타인에게 의지할 수 있다. 하지만 나를 위로할 수 있는 사람을 찾는 일이야말로 가장 어려운 부분일 것이다. 적임자를 두고 나약하고 어리바리하다고 착각하거나 바보 취급할지도 모른다. 위로가 너무 간절한 까닭에 점잖게 요청하지 못하고 큰 소리를 쳐서 역효과를 초래하거나, 도움의 손길이 기대보다 지체되었다고 방어적인 독립 상태에 빠져들기도 한다. 우리는 흔히 위로받기를 갈구하면서도 자신에게 무엇이 결핍되었는지 인식하지 못하고, 자신이 바라는 것을 명료하게 표현하지도 못한다. 설령 누군가 우리에게 친절을 베풀어도, 자꾸만 상대의 의도를 의심한다.

우리는 만사를 실제보다 더 끔찍하게 상상하는 지독한 습관을 고쳐야 한다. 꾸준히 다른 사람들을 위로하려 애쓰고, 언젠가는 우리의 비관적이고 메마른 마음 한구석에도 분명히 친절과 위안이 찾아오리라 믿어야 한다.

순종을 넘어서

저녁 식탁에 둘러앉아 있는 서로 전혀 다른 두 가족을 상상해 보자.

첫 번째 가족의 아이는 매우 예의 바르게 행동한다. 음식이 정말 맛있다며 칭찬하고, 학교에서 있었던 일들을 이야기한 뒤 부모의 조언에 귀 기울인다. 식사가 끝나면 숙제를 마저 하겠다며 자리를 뜬다.

두 번째 가족의 아이는 첫 번째 아이와 정반대다. 어머니를 바보라고 부르는가 하면 아버지가 무슨 말을 해도 조롱조로 콧방귀를 뀐다. 부끄러움이라곤 모르는 듯 외설적인 표현을 사용하고, 부모가 숙제는 잘하고 있는지 물으면 학교 따윈 시시하다며 자리를 박차고 일어나 방문을 쾅 닫는다.

언뜻 보면 첫 번째 가족은 모든 게 잘 굴러가는 반면 두 번째 가족은 엉망진창인 것 같다. 하지만 아이의 마음속을 들여다본다면 생각은 달라진다.

첫 번째 가족에서 자란 '착한' 아이의 내면에는 꼭

꼭 숨겨 둔 온갖 감정들이 들끓고 있다. 본인이 숨기고 싶어서가 아니라, 솔직히 드러냈다가는 결코 용서받지 못할 것 같아서 숨긴 감정들이다. 아이는 화나거나 짜증스럽거나 지루해도 부모에게 그런 감정을 표현하면 안 된다고 느낀다. 아이가 보기에 부모에게는 아이의 솔직한 마음을 감당할 정신적 여력이 없기 때문이다. 아이는 자신의 원초적이고 경박한 면모를 억눌러야 한다. 어른들이 듣기 싫어할 말을 한다는 건 감히 엄두도 못 낼 끔찍하고 무시무시한 일이다.

두 번째 가족의 '악동'은 자기에게 아무 문제도 없다는 걸 안다. 이 아이가 어머니에게 바보 멍청이라고 말할 수 있는 건 어머니가 자기를 사랑하고 자기도 어머니를 사랑하며, 잠시 발끈해 무례한 말을 하더라도 그 사랑이 깨질 리 없음을 확신하기 때문이다. 아버지 또한 아이에게 놀림을 당한다고 해서 속상해하거나 아이에게 원한을 품지는 않을 것이다. 이들 가족의 따뜻하고 굳건한 애정은 아이의 도발이나 분노, 추잡하고 실망스러운 행동 정도로 흔들리지 않는다.

그리하여 예상치 못한 결과가 나타난다. 착한 아이는 성인이 되어서도 지나치게 순종적인 기질, 고지식함,

창의성 부족, 자살 충동을 불러올 정도의 엄격한 도덕적 잣대 등의 문제를 겪는다. 반면 악동은 즉흥성과 유연성을 지녔으며, 실패를 견딜 줄 알며 자신을 받아들이는 건강한 성인으로 자란다.

우리가 버릇없다고 여기는 행동은 사실 어린 시절 특유의 진정성과 독립성을 향한 탐색이다. 우리 역시 과거에는 버릇없는 아이였고, 남들이 찬성하지 않은 아이디어들을 계속 시도하면서 창의적인 사람으로 자랐다. 실수를 저지르거나 일을 망치거나 괴짜 취급을 받는 것이 엄청난 재난은 아니다. 모든 건 언젠가 바로잡히고 개선될 수 있기 때문이다. 우리의 섹슈얼리티 역시 근본적이고 정상적인 주제인 만큼 파트너와 성에 관해 이야기할 때도 너무 부끄러워하거나 민망해 할 필요가 없다. 우리는 비판을 들을 수 있고 이를 판단하고 무시할 수도 있다.

우리는 악동들이 이따금씩 벌이는 난장판이나 고성방가를 비행이 아니라 건강함으로 분류해야 한다. 오히려 어떤 경우에도 말썽을 피우지 않는 아이들을 두려워할 줄 알아야 한다. 그리고 우리가 때때로 누리는 행복과 안녕에 감사할 줄 알아야 한다. 과거 언젠가 우리의

무분별하거나 명백하게 불쾌한 행동마저도 애정 어린
눈으로 지켜봐 주었던 누군가가 분명히 존재했다는 의
미니까.

유년기의 비극

고대 그리스 극작가들은 그들이 '비극'이라고 부른 특정한 종류의 이야기에 유난히 매혹되었다. 비극이란 단순히 나쁜 일이 펼쳐지는 이야기가 아니다. 경악스럽고 중대한 실책이나 누군가의 악의 때문이 아니라, 별것 아닌 작은 약점이나 실수로 인해 끔찍한 파국이 일어나고 마는 이야기다. 고대 그리스 극작가들은 인생에 엄청난 여파를 미치는 재난이 놀랍도록 소소한 차원에서 비롯될 수 있다는 점을 탐구했다.

이런 비극의 유형은 유년기에서 성인기까지 우리 인생의 한가운데에 있다. 누가 봐도 끔찍한 부모를 둔 경우는 드물다. 오히려 지극히 평범하고 일상적인 부분에서 문제가 발생한다. 몇 번의 말다툼, 아버지에 대한 절망감, 성적표를 보고 지나치게 화를 낸 어머니를 향한 억울함… 딱히 심각해 보이진 않는 이런 일들이 우리의 비극적인 과거에 결정적 요소라고 말하는 건 자기 연민이나 지나친 과장처럼 들릴지 모른다. 그리하여 우리는 고통의 원인이 단지 유년기의 상흔에 있지 않으며, 타인의 도움을 바랄 자격이 없다고 느끼게 된다. 어쨌든 '그렇게 나쁜' 일은 일어나지 않았으니까.

상황을 더 객관적으로 보려면 무리한 비난이나 자기 기만은 접어 두고, 우리뿐만 아니라 부모 또한 비극적인 상황에 휘말렸다고 생각해야 한다. 둘 중 어느 쪽에도 악의는 없었다. 그럼에도 불구하고 문제가 발생했고, 실제로 심각한 상처가 남았다.

양쪽의 의도가 어쨌든 간에, 부모는 아이를 철저히 오해하게 마련이며 아이 쪽도 마찬가지다. 부모도 한때는 아이였던 시기가 있었지만 시간이 지나면서 당시의 구체적 기억은 대부분 잊히고 만다. 아이는 호랑이가 자기 침실에 들어올까 무서워하거나, 아버지에게 나가 죽어 버리라는 말을 들을까 걱정할 수도 있다. 아이의 사고는 현실과 무관하기에 아이의 두려움이 얼마나 진실한지를 파악하기란 쉽지 않다.

부모는 아이의 내면세계가 얼마나 복잡한지 자꾸 잊어버리고, 아이는 자기가 느끼는 미묘한 감정을 말로 풀어 설명할 능력이 부족하다. 할아버지 할머니가 찾아온다고 했을 때 아이가 느끼는 흥분이나 그 방문이 취소되었을 때 느끼는 슬픔을 제대로 풀어내면 자서전의 수십 단락을 채울 수도 있으리라. 하지만 현실에서 이런 감정은 너무나 빨리 일어났다가 그만큼 빨리 흩어지기에 부모로서는 아이의 마음속에서 어떤 일이 일어나는지 짐작조차 할 수 없다. 아이는 결국 낙심하거나 소리 지르거나 뾰로통해지고 만다. 자신의 능력으로 표현할 수 없는 엄청난 마음의 동요를 드러내려면 그런 방법밖에 없다고 느끼기 때문이다.

마르셀 프루스트는 『잃어버린 시간을 찾아서』에서 어린 시절 밤마다 어머니에게 잘 자라고 뽀뽀를 받는 일이 얼마나 중요한지 아버지가 이해하지 못했던 사연을 소설로 자세히 그려 냈다. 프루스트의 아버지는 지적이고 사려 깊은 사람이었다. 만찬회에 가느라 잠자리에 드는 아이에게 뽀뽀를 한두 번 못 해 주는 일은 그가 보기에 별 문제도 아니었으리라. 하지만 프루스트에게 그 일은 일생일대의 정신적 외상으로 남는다. 프루스트의 아버지가 결코 나쁜 양육자는 아니었다는 점이 사연을 더욱 통렬하게 만든다. 그는 결코 아이가 상처받길 바라지 않았겠지만, 아이의 마음속 깊이 숨겨진 진실을 알아채지 못했던 것이다.

아이가 바라보는 부모의 모습도 비뚤어지고 파편적이기는 마찬가지다. 부모가 언짢아할 때면 아이는 부모의 시무룩한 얼굴, 퉁명스러운 대꾸, 높은 언성만 보고서 자기 때문이라고 단정해 버린다. 아이 입장에서는 부모의 경력에 대한 고민, 직장에서 느끼는 압박감, 성생활에 대한 오랜 불만을 헤아리기 어렵다.

우리는 분명히 어린 시절에 심한 오해를 받았지만, 마찬가지로 우리의 부모를 심하게 오해하기도 했다. 하지만 누구나 마찬가지라는 것을 잊어서는 안 된다. 이런 생각은 우울하지만 궁극적으로는 마음을 후련하게 해준다. 부모와 아이가 서로 오해하는 것은 단순히 어느한쪽에 문제가 있어서가 아니다. 성인과 아동의 마음이비극적으로 완전히 서로 다르게 작동하기 때문이다.

결국 우리는 부모와 자신에게 분노하기보다는 연민을 느껴야 마땅할 것이다.

성인이 된다는 것

누가 봐도 당연히 우리는 성인이다. 신체적으로 성숙했고, 직업이 있다. 운전을 할 줄 알고, 마음껏 인터넷을 하거나 밤늦게까지 잠자리에 들지 않아도 된다.

하지만 이러한 객관적인 성인의 지표는 우리 내면의 심리적 현실과는 동떨어져 있다. 우리는 법적으로 성년에 이른 지 수십 년이 지난 뒤에야 진정한 성인이 되기도 한다. 무의식적인 감정 작용에 있어서는 거의 어린아이처럼 행동하는 경우가 많다(이 말은 결코 조롱하려는 의도가 아니다).

이를테면 우리는 권위적으로 보이거나 손위인 사람 옆에서 수동적이고 매우 소심해지는 경향이 있다. 그에게 근거도 없이 권위를 부여하거나 그는 뭐든지 알 거라고 기대하기도 한다. 그의 의견에 반박한다는 것은 감히 생각조차 할 수 없다.

한편 우리는 섹슈얼리티에 대해 맹렬한 죄책감과 어떻게든 순결하고 결백하게 보여야 한다는 강박을 느낀다. 마치 우리의 자유로운 육체적 본성이 남들에게 혐오스럽고 실망스러울 게 분명하다는 것처럼 말이다.

혹은 우리가 괴로워하는 원인을 찬찬히 설명하기를 일찌감치 포기하고, 벌컥 화를 내거나 뾰로통해진다. 이 두 가지는 아주 어린 아이들이 흔히 의존하는 표현 방식이다.

우리에게 주어진 성인 역할 대본은 아주 오래전에 만들어졌기에 더 이상 유효하지 않다. 우리가 자라난 세상의 작은 한구석과 넓은 바깥세상은 다른 방식으로 작동한다. 우리가 어린 시절 권위자에 대응하기 위해 터득한 행동 방식을 성인이 된 지금 그대로 적용할 필요는 없다. 이런 사실들을 이성적으로 이해하는 것을 넘어 정서적으로 받아들이려면 아주 오랜 시간이 필요하다. 유년기의 우리에게는 '모범생' '반항아' '호구' '깡패'와 같은 딱지가 붙곤 했지만, 그런 딱지는 이제 더 이상 우리의 정체성을 의미하지 않는다.

우리는 흔히 긴 시간이 지나서야 자신이 자유롭다는 것을 깨닫는다. 불만스러운 직장을 떠나도 된다는 확신이 설 때까지 몇 년씩 기다리기도 하지만, 사실 우리가 당장 그곳을 떠나더라도 신경 쓸 사람은 아무도 없다.

우리는 세상을 떠난 부모가 과거 우리에게 품었던 기대를 '여론'에 투사하고, 혹시라도 '여론'을 실망시키면 어쩌나 두려워하며 공포 속에서 살아간다. '빠삭한 사람'은 몹시 드문데도 그런 사람의 칭찬을 목 빠지게 기다린다. 또한 우리는 남들의 분노를 살까 두려워한다. 설사 누군가 분노한다 해도, 그저 그 사람 곁을 떠나면 되는데 말이다.

정서적으로 성인이 된다는 것은 타인을 더 다양한 방식으로 대한다는 의미다. 권위자도 때로는 실수한다. 때때로 누군가의 기분을 거스르더라도 사는 데 지장은 없다. 섹스가 꼭 혐오스러운 것은 아니다. 우리가 무엇 때문에 속상했는지 차분히 말한다면 상대는 분명 귀 기울여 줄 것이다.

자신이 정서적으로 성숙했다고 주장하는 대신 여러모로 생물학적 나이보다 한참 미숙하다는 사실을 인식할 때 우리는 비로소 진정한 성인이 되는 여정의 출발선에 서게 된다. 우리가 어떤 면에서는 어른이지만 다른 여러 면에서 결코 어른이 아니라는 깨달음이야말로 진정한 성숙의 시작인지도 모른다.

달곰씁쓸한 과거

우리는 욕조 안에서, 산책하면서, 혹은 비행기 안에서 과거를 회상하다가 소위 말하는 '달곰씁쓸한' 기억에 빠지곤 한다.

아직 꼬마였을 때 할머니와 함께 보낸 오후가 떠오를지 모른다. 할머니의 작은 마당에서 둘이 함께 잡초를 뽑고 점심을 먹은 다음 카드놀이를 하던 기억이. 가끔 할머니는 오래전 자신의 어린 시절이 담긴 낡은 사진을 보여 주기도 했다. 정말 즐거운 시절이었지만, 훗날 일어난 일들을 돌아보면 문득 그때의 기억이 착잡하게 느껴진다. 사춘기가 된 우리는 할머니에게서 멀어졌고 좀처럼 할머니를 찾아뵙지 않았다. 할머니는 우리가 채 성인이 되기 전에 세상을 떠났기 때문에, 이젠 우리가 할머니를 얼마나 깊이 사랑하는지 전할 길도 사라졌다. 이런 생각에 가슴이 아린다.

혹은 첫사랑에 빠졌던 열다섯 살 때 기억이 떠오를 수도 있다. 우리가 사랑한 사람은 겨우 반년 일찍 태어났지만 당시엔 그게 엄청난 나이 차이처럼 느껴졌다. 우리는 그에게 한없는 애정과 존경심을 품었고, 수줍은 나머지 말 한마디도 건네 보지 못했다. 딱 한 번 노을 지는 강가에서 미묘한 순간을 맞이했지만, 그 기회는 금세 지나가 버렸다. 듣자 하니 그 사람은 이제 북쪽으로 이사를 갔고 아이도 하나 있다고 한다. 다시 누군가에게 그런 감정을 느끼고, 그만큼 대책 없는 희망과 믿음을 품을 수 있을까 회한에 젖는다. 손가락 사이로 모래가 빠져나가 듯 운명적인 상대를 무심결에 떠나보내는 일은 서글플 만큼 늘상 벌어지는 것만 같다.

학창 시절 유쾌하고 재미난 친구들과 어울려 다니던 일이 떠오를지도 모른다. 그 친구들과 함께 바닷가에서 찍은 사진 한 장이 아직 남아 있다. 모두가 거나하게 취해 함박웃음을 띠고 파인애플에게 말을 걸고 있다. 그런 기억이 달콤한 것은 당시의 내게 느끼는 애틋한 감정 때문이다. 그 시절 우리는 장난스러웠고 인생을 모험처럼 여겼다. 하지만 뒤돌아보면 사라진 가능성에 대한 아쉬움도 남는다. 우리가 곧바로 전혀 다른 세상에 들어서게 되리라는 것을 그때는 알지 못했다. 최선을 다해 공부하지는 않았지만, 지금 생각해 보면 그때 받은 교육은 우리

달곰쏩쓸한 추억을 떠올리다 보면
우리 인생의 긍정적인 측면들이
한층 더 까다로운 측면들과
분리할 수 없게 뒤얽혀 있음을
깨닫게 된다.

에게 딱히 필요하지 않았던 듯싶다. 학창 시절의 기억은 후회와 실망으로 가득하다.

달곰쌉쌀한 추억은 소소하고 그다지 중요하지 않다. 우리는 그런 추억을 평소에 자주 떠올리지 않을지도 모른다. 떠올리면 마음이 슬쩍 불편할 만큼 간지럽기 때문이다. 하지만 어린 시절의 추억들은 인간 조건의 아주 중대한 지점을 암시적으로 보여 준다. 달곰쌉쌀한 추억은 우리 인생의 긍정적인 측면들이 한층 더 까다로운 측면들과 분리할 수 없게 뒤얽혀 있음을 말해 준다. 달곰쌉쌀한 추억 앞에서 우리는 불완전하고 실수하기 쉬우며 시간에 구속받고 후회하는 인간으로서의 고통을 느낀다.

만사가 이분법적이라면 살아가는 게 더 간단할지도 모른다. 흰색은 받아들이기 쉽고, 검은색은 거부할 선택의 여지가 없는 상황이라면 어떻게든 견딜 수 있다. 우리가 견디지 못하는 것은 회색 지대, 희망과 회한의 유동적인 혼합물이다. 우리는 순수한 사람과 흉악한 사람을 구별 짓기 원하며 우리의 삶도 그렇게 둘로 갈라 버린다. 하지만 달곰쌉쌀한 추억을 받아들인다는 것은 양면성을 수용하는 것, 하나의 사건에 대한 전혀 다르고 모순되는 두 가지 감정을 어느 쪽도 거부하지 않고 포용하는 것이다. 양쪽 모두 중요하며 부정할 수 없는 감정이다. 우리는 경험이란 지극히 복합적이라는 사실을 부인하는 대신 인정하게 된다.

달곰씁쓸한 추억이라고 말하는 것은 과거의 특정한 일부가 아니라 훨씬 폭넓은 영역을 아우른다. 우리는 달곰씁쓸한 결혼, 직업, 여행, 주말에 관해 적절하게 이야기하고 그 기억과 화해할 수 있어야 한다. 나아가 우리가 달곰씁쓸한 인생을 살아갈 수밖에 없다는, 무엇보다도 궁극적이고 긴요한 관념을 받아들여야 한다.

신소희

서울대학교 국어국문학과를 졸업하고 출판 편집자로 일했다. 지금은 다양한 분야의 영문 도서를 우리말로 번역한다. 옮긴 책으로는 『야생의 위로』『피너츠 완전판』『에피쿠로스의 네 가지 처방』『개와 고양이를 키웁니다』등이 있다.

유년기를 극복하는 법

초판 1쇄 인쇄 2023년 2월 20일
초판 1쇄 발행 2023년 3월 13일

기획자 알랭 드 보통
지은이 인생학교
옮긴이 신소희
펴낸이 정은선

펴낸곳 (주)오렌지디
출판등록 제2020-000013호
주소 서울특별시 강남구 선릉로 428
전화 02-6196-0380
팩스 02-6499-0323
ISBN 979-11-92674-42-1 (03180)

www.oranged.co.kr